> **SZENE**

S. 12–15: Trends, Entdeckungen, Hotspots! Was wann wo an der Französischen Atlantikküste los ist, verrät der MARCO POLO Szeneautor vor Ort

> **24 STUNDEN**

S. 96/97: Action pur und einmalige Erlebnisse in 24 Stunden! MARCO POLO hat für Sie einen außergewöhnlichen Tag rund um Bordeaux zusammengestellt

> **LOW BUDGET**

Viel erleben für wenig Geld! Wo Sie zu kleinen Preisen etwas Besonderes genießen und tolle Schnäppchen machen können:

Flussfahrt zum Nulltarif: Fähre fahren in der Loiremündung S. 37 | Für 1,65 Euro gibts den Blick über (fast) die ganze Île de Ré S. 58 | Donnerstags gratis ist die Devise im Skulpturenmuseum von Mont-de-Marsan S. 64 | Outlet für Surfermode? Ab nach Hossegor! S. 90

> **GUT ZU WISSEN**

Was war wann? S. 10 | Spezialitäten S. 26 | Blogs & Podcasts S. 70 | Bücher & Filme S. 78 | Force Basque S. 86 | www.marcopolo.de S. 106 | Was kostet wie viel? S. 109 | Wetter in Bordeaux S. 110

AUF DEM TITEL
Nantes: traumhafte Flussfahrt auf der Erdre S. 38
Surfdorado Hossegor S. 87

ENTDECKEN SIE DIE FRANZÖSISCHE ATLANTIKKÜSTE!

Unsere Top 15 führen Sie an die traumhaftesten Orte und zu den spannendsten Sehenswürdigkeiten

Die Highlights sind in der Karte auf dem hinteren Umschlag eingetragen

 Erlebnismuseum Escal' Atlantic
Für Schiffs- und Reisefans: nostalgische Atlantikquerung im zum Erlebnismuseum umgestalteten ehemaligen U-Boot-Hafen von Saint-Nazaire (Seite 35)

 Pornic
Der ganze Charme des Südens mit Hafen, Badebuchten und hübscher Altstadt (Seite 40)

 Île d'Oléron
Hübsche Dörfer wie La Cotinière, viel Platz für Radler und jede Menge Strand (Seite 43)

 Île de Ré
Inselidyll mit einem guten Schuss Glamour – ein atlantisches Sylt (Seite 46)

 Altstadt
Die Altstadt von La Rochelle um den Vieux Port und der größte Yachthafen Europas sind die Trümpfe der lebendigen Stadt (Seite 50)

 Île de Noirmoutier
Salzgärten, duftende Pinienwälder und weiße Strände (Seite 54)

 Dune du Pilat
Von der höchsten Düne Europas öffnen sich phantastische Blicke auf die Bucht von Arcachon und die Wälder der Landes (Seite 64)

 Musée d'Art Contemporain CAPC
Avantgardistische Kunst in einem der besten Museen von Bordeaux (Seite 67)

> DIE BESTEN MARCO POLO HIGHLIGHTS

 Saint-Émilion

Ein Weindorf wie gemalt: mittelalterliche Gassen, Weinberge und
Spitzenrestaurants (Seite 72)

 Pauillac

Weinselig von Schloss zu Schloss im
Médoc – zu den besten Gewächsen
der Welt (Seite 76)

 Phare de Cordouan

Die Bootsfahrt zum ältesten
Leuchtturm Europas in der Gironde-
mündung ist ein großartiges Erlebnis
(Seite 79)

 Grande Plage

Der größte Strand des Surferdorados
Biarritz ist einer der schicksten in
Europa (Seite 85)

 Hossegor

Das Städtchen am südlichen Ende
der Côte d'Argent ist einer der
schönsten Badeplätze der ganzen
Küste und zugleich beliebter Treffpunkt
einer internationalen Surfgemeinde
(Seite 87)

 Saint-Jean-de-Luz

Das besonders hübsche baskische
Fischerstädtchen bezaubert mit jeder
Menge südlichem Flair – und die Surfer
finden hier die höchsten Wellen des
Ozeans (Seite 88)

 Corniche Basque

Eine wunderschöne Route führt von
Saint-Jean-de-Luz an der Klippenküste
der Côte Basque entlang zur spanischen
Grenze (Seite 90)

WAS FÜR EINE REGION!

Hafen von Mortagne-sur-Gironde

MARCO POLO

FRANZÖSISCHE ATLANTIKKÜSTE

Reisen mit **Insider Tipps**

> Ich liebe diese unvergleichliche
> Kombination aus perfekten Stränden
> und französischem Savoir-vivre.
> Dass alles ein bisschen größer,
> weiter, aber auch bodenständiger
> ausfällt als an der Côte d'Azur,
> gefällt mir außerdem.
> *MARCO POLO Autorin*
> *Stefanie Bisping*
> (siehe S. 131)

Spezielle News, Lesermeinungen und Angebote zur Französischen Atlantikküste:
www.marcopolo.de/frankreichatlantik

FRANZÖSISCHE ATLANTIKKÜSTE

> SYMBOLE

Insider Tipp

MARCO POLO INSIDER-TIPPS
Von unserer Autorin für Sie entdeckt

MARCO POLO HIGHLIGHTS
Alles, was Sie an der Französischen Atlantik-küste kennen sollten

SCHÖNE AUSSICHT

WLAN-HOTSPOT

HIER TRIFFT SICH DIE SZENE

> PREISKATEGORIEN

HOTELS
€€€ über 100 Euro
€€ 70–100 Euro
€ bis 70 Euro
Preise für zwei Personen im Doppelzimmer ohne Früh-stück in der Hochsaison

RESTAURANTS
€€€ über 40 Euro
€€ 25–40 Euro
€ bis 25 Euro
Preise für ein typisches Drei-gängemenü. Bei günstigen Menüs ist mitunter Tischwein inbegriffen. Ein À-la-carte-Essen ist wesentlich teurer

> KARTEN

[118 A1] Seitenzahlen und Koordinaten für den Reiseatlas Französi-sche Atlantikküste

Karten von Biarritz, Bordeaux, La Rochelle und Nantes finden Sie im hinteren Umschlag

Zu Ihrer Orientierung sind auch die Orte mit Koordinaten versehen, die nicht im Reiseatlas eingetragen sind

> 500 km schönster Strände, verträumte Fischerdörfer, glanzvolle Bade-
orte und geschichtsreiche Hafenstädte – die Atlantikküste ist eine der viel-
seitigsten Regionen Frankreichs. Sonne, Sand und Meer ergänzen sich mit
Wäldern und Seen zur perfekten Urlaubskulisse für Aktive und Genießer.
Die Museen von Nantes, Bordeaux und Biarritz müssen sich hinter ihrer
europäischen Konkurrenz ebenso wenig verstecken wie ihre Einkaufs-
viertel. Ihren unverwechselbaren Reiz verleiht der alten Kulturlandschaft
jedoch das Savoir-vivre ihrer Bewohner. Freuen Sie sich auf bunte Märkte,
hervorragende Restaurants und einige der besten Weine der Welt!

> Die Zehen im weichen Sand, der Blick, wo sich Meer und Himmel treffen. Strandsegler sausen am Wasser entlang, die letzten Sonnenanbeter schütteln Sand aus ihren Handtüchern. In den Restaurants weiter oben am Strand klappern Kellner mit Geschirr. Bald werden sie Schaltiere auf Etageren türmen und gekühlte Weißweinflaschen entkorken. Das sprichwörtliche Savoir-vivre der Franzosen gehört zu den größten Vorzügen eines Urlaubs an der Atlantikküste. Den Rest erledigen Land und Landschaft: beinah unendliche Strände, sauberes Wasser, idyllische Fischerdörfer, geschichtsträchtige Städte und nicht zuletzt die 500 Weinschlösser rund um Bordeaux.

Abwechslung ist das Schlüsselwort für die Region, die sich von der südlichen Bretagne über die weite, flache Marschlandschaft der Vendée und die Pinien- und Kiefernwälder der Landes bis hin zur Felsenküste des Baskenlands erstreckt. Eine erste Perle in der langen Kette von Badeorten ist La Baule, ein Traditionsseebad mit herrlichem Strand, wunderschönen alten Villen und stilechtem Kasino. Bereits zur südlich sich anschließenden Côte de Lumière gehören die Inseln Noirmoutier und Yeu: ganz ohne Hochhäuser, dafür mit breiten Stränden, einem großen Netz von Radwegen und blühenden Malven vor Ferienhäusern und kleinen Hotels.

Wer sich für Inseln begeistert, hat bei La Rochelle mit der Île de Ré und der Île d'Oléron zwei weitere Ziele, auf

> ## Unendliche Strände und sauberes Wasser

denen sich – insbesondere im Falle Rés – im Sommer halb Paris trifft. Kilometerlange Brücken erleichtern (wie auf Noirmoutier) das Hinkommen. In den Wäldern verbergen sich schicke Villen, meist Sommersitze Pariser Prominenz. Die kommt aus

Der Hafen von Biarritz wird abends zur Restaurantmeile für Freunde frischer *fruits de mer*

gutem Grund, vereinen die Inseln doch eine intakte Landschaft aus Salzgärten und schöner Küste mit einem gastronomischen Angebot, das sich hinter dem der Hauptstadt kaum verstecken muss.

Jenseits der breiten Mündung der Gironde schließt sich die Côte d'Argent an. Sie ist geprägt von einem endlosen Band breiter Sandstrände und den Wäldern und Strandseen der Landes. Die Landes, die südlich des Bassin d'Arcachon beginnen, eines Binnenmeers mit ungezählten Wassersportmöglichkeiten, sind dünn besiedelt: Nur 34 Menschen teilen sich dort einen Quadratkilometer – im Gegensatz zu über 100 im Landesdurchschnitt. Das Land ist weit und flach, Reiter und Radler finden hier Hunderte Kilometer Wege. Viele davon führen durch den Küstenwald, den man anpflanzte, um Wind und Wanderdünen daran zu hindern, das Land zu vereinnahmen. Ergebnis ist

das mit 10 000 km² größte Waldgebiet Europas. Er ist mit seinen Kiefern und Pinien heute ein ebenso wichtiger wie ansehnlicher Wirtschaftsfaktor der Côte d'Argent.

Südlich von Capbreton und Hossegor verändert sich die Landschaft noch einmal. Die Côte Basque ist eine Welt für sich: Zerklüftete Steilküsten, das schicke Surfer- und Jetsetseebad Biarritz, das wunderhübsche Hafer städtchen Saint-Jean-de-Luz, die Pyrenäen im Hinterland, eine dem Französischen völlig fremde (Zweit-)Sprache und eine alte Kultur, deren archaische Sportarten liebevoll gepflegt werden – das ist das Bas-

> **Die Heimat der berühmtesten Rotweine der Welt**

kenland, wo Männer mit Baumstämmen werfen und ihre Kräfte beim Holzhacken messen.

Teils im Hinterland, teils direkt an der Küste liegen die Handelsstädte Nantes, La Rochelle und Bordeaux. Sie besitzen außer einem urbanen Unterhaltungs- und Einkaufsangebot jede Menge Kultur und Geschichte. Alle drei verdankten einen wesentlichen Teil ihres Reichtums dem Sklavenhandel. In ihren Häfen wurden Schiffe mit glitzerndem Plunder beladen, der in Westafrika gegen Menschen getauscht wurde. Die wurden in die Karibik verschifft und dort verkauft. Mit Indigo, Kaffee, Zucker und Kakao beladen, kehrten die Schiffe in ihre Heimathäfen zurück; das Geld, das die Fracht einbrachte,

WAS WAR WANN?

56 v. Chr. Cäsar erobert Gallien, Gründung römischer Siedlungen

5.–8. Jh. Eroberung durch Westgoten und Merowinger, später Karolinger

800 Krönung Karls des Großen zum Kaiser. Das Reich der Franken wird zum wichtigen Machtfaktor in Europa

12. Jh. Herzogin Eleonore von Aquitanien heiratet Heinrich Plantagenet, der wenig später König von England wird. Durch die Allianz entsteht das größte Reich Europas

1337–1453 Hundertjähriger Krieg zwischen Frankreich und England

1562–1598 Religionskriege zerrütten Frankreich. 1598 Edikt von Nantes: Protestantische Hugenotten werden nicht länger verfolgt

1643–1715 Der absolutistische „Sonnenkönig" Ludwig XIV. führt Frankreich zu kultureller und wirtschaftlicher Blüte

1789–99 Französische Revolution. Die liberalen Girondisten aus dem Departement Gironde sind zunächst führend, werden aber bald Opfer der Guillotinen der radikaleren Jakobiner. Widerstand in der königstreuen Vendée

1914 Bordeaux wird im Ersten Weltkrieg Sitz der Regierung

1940 Paris ist von Deutschen besetzt, Bordeaux wird neuerlich Regierungssitz

2007 Ségolène Royal, Präsidentin der Region Poitou-Charentes, unterliegt als Kandidatin der Sozialistischen Partei bei der Präsidentschaftswahl Nicolas Sarkozy

2008 Bei einem rätselhaften Austernsterben verlieren Züchter zwischen 40 und 100 Prozent ihrer ein- und zweijährigen Austern

verwandelte sich in prachtvolle Paläste.

Schon mehr als anderthalb Jahrtausende zuvor hatten sich die Römer hier niedergelassen. Doch auch wenn sie die Südwestküste Galliens Aquitanien nannten (von *aqua* = Wasser), dreht sich hier nicht alles nur ums Wasser. Schließlich zeigten schon die Römer den Bewohnern, wie man aus Trauben Wein macht – ein Umstand, der die Geschichte der Gegend und den Alltag der Menschen nachhaltig prägen sollte. In Bordeaux nahm der Weinhandel in großem Stil seinen Anfang, er bescherte der Stadt jenen Wohlstand, der bis heute ihre – mittlerweile aufwendig restaurierte – Architektur prägt.

Zwischen Royan und Soulac-sur-Mer wälzt sich breit wie ein Meeresarm die Gironde als größte Trichtermündung Europas in den Atlantik. 100 km weit dringt die Flut durch die Gironde ins Landesinnere vor. Ihr Westufer, das Médoc, ist die Heimat einiger der berühmtesten Rotweine der Welt. Und natürlich wäre dies nicht Frankreich, würden sich die Menschen nicht bestens mit der Zubereitung der passenden Speisen auskennen. Fisch und Meeresfrüchte prägen die Speisekarten an der Küste, aus dem Hinterland kommen begehrte Genüsse wie Stopfleber und Entenbrust.

Trotz glanzvoller alter Seebäder wie Royan, Arcachon oder Biarritz ist die Französische Atlantikküste bodenständiger als weite Teile der Mittelmeerküste. An der Côte d'Argent liegt hinter den Dünen ein Camping-platz neben dem anderen, die Ufer der Binnenseen sind ein ideales Ziel für Familien mit Kindern. Das Preis-gefüge ist deutlich familienfreundli-cher als etwa zwischen Saint-Tropez und Nizza.

sportler nichts entbehren, und wer die Kraft des Atlantiks fürchtet, fin-det an den Seen sichere Badeplätze. Viele von ihnen sind durch *courants*, durch Wasserläufe, miteinander ver-bunden; an ihren Ufern finden sich Urlaubsorte mit Ferienhäusern, Cam-

Traumziel auch für Paraglider: Mit der Düne von Pilat an der Côte d'Argent bei Arcachon besitzt die Atlantikküste einen Gleitschirmgrund von Weltformat

Und rund 500 km Strand lassen ah-nen, dass die Atlantikküste ein Traumziel auch für Aktivurlauber ist. Wellen, Sand und Wind schaffen

> ### > Die Schlüsselwörter sind Abwechslung und Vielseitigkeit

ideale Voraussetzungen zum Surfen, (Strand-)Segeln und Paragliden. Dank Flüssen und Binnenseen müs-sen auch Rafter, Angler und Boots-

pingplätzen, kleinen Hotels und ei-nem umfassenden Sport- und Frei-zeitangebot.

Diese Vielseitigkeit ist es, die viele Urlauber immer wieder hierher an den Atlantik zieht. Und irgendwo an dieser Küste, mit den Zehen im Sand und frischen Meeresfrüchten auf dem Teller, fällt Ihnen garantiert der alte Spruch vom Leben wie Gott in Frankreich ein. Sie werden sehen: Es ist etwas dran!

▶▶ TREND GUIDE FRANZÖSISCHE ATLANTIKKÜSTE

Die heißesten Entdeckungen und Hotspots! Unser Szene-Scout zeigt Ihnen, was angesagt ist

Laurence Gueritey

Die freie Journalistin ist in Frankreich geboren und kennt sich dort nicht nur beim Thema Design und Sport aus, sondern weiß auch, was in Sachen Kultur abgeht. Als unser Szene-Scout erkundet sie an der Atlantikküste die neuesten Trends. Wenn sie etwas Abstand von der Arbeit braucht, lässt sie sich von der Landschaft und der lebendigen Szene der Region inspirieren.

▶▶ WAKESKATEN

Mit dem Board über die Wellen

Die Surfspots Lacanau, Hossegor sowie Biarritz locken längst nicht mehr nur Surfer. Und nachdem die Wasserski von den Wakeboards verdrängt wurden, kommen jetzt die Wakeskater zum Zug. Das Board ähnelt dem Vorgänger, doch gibt es hier keine Bindung – eben wie auf dem Skateboard! Zahlreiche Skateshops starten bereits mit eigenem Material und Teams, wie das Vikteam Pro (*305, Avenue d'Eysins, Le Bouscat, www.vikteam.fr*). Einsteiger wenden sich an das *Lacanau Wake Center (12, Allée de la Conche, Lacanau, www.wake-center.com)* oder an das *Wakeskate Camp* von Laurent Delacroix am See Lac de Baurech bei Bordeaux *(www.wakelagoona.com)*. Die richtige Ausrüstung und die angesagteste Surfermode gibts im *Surfshop Allride (79, Rue Georges Bonnac, Bordeaux, www.allridesurfshop.com)*.

SZENE

▶▶ SCHLAFVERGNÜGEN

Neues aus dem Reich der Träume

Überall sprießen ungewöhnliche Nachtquartiere aus dem Boden, die mit konventionellen Hotels wenig gemein haben. Abenteurer atmen auf dem Anwesen *Les Roulottes d'Andredard (Saint-André-et-Appelles, www.domaine-andredard.com,* Foto) an der Dordogne den Geist der Freiheit, wenn sie einen der vier komfortabel ausgestatteten Bauwagen mieten. Natur pur erleben die Baumhausbewohner in den Baumkronen von *Legordia Borda (Route de l'Artzamendi, Itxassou, www.legordia.fr)* nahe Biarritz. Im Westerndorf *La Rotonde (Hourtin-Lac, www.village-western.com)* warten Tipis und Bungalows im Ranch-Stil auf die Gäste.

▶▶ CAN-CAN

Glitzer, Federn und Kostüme

Das typisch französische Cabaret erlebt seine Renaissance an der Atlantikküste, und weder Shows noch Tänzerinnen müssen sich vor den großen Vorbildern in Paris verstecken. Eine sexy Show bekommen Besucher im *Cabaret Moulin de Bagat (Route de Peyrehorade, Saint-Lon-les-Mines, www.canneesboum.com)* geboten. Comedylastiger geht es am Wochenende im *Le Saint Sabastien (11, Rue Charles Plumeau, Couquèques, www.saintsabastien.com,* Foto) zu, während das *Caesar's (170, Cours du Médoc, Bordeaux)* den Glamour von Paris mit einer Prise Las Vegas heraufbeschwört.

▶▶ LESERATTEN-ALARM

Neue Lieblingsbeschäftigung

Im Zeitalter der neuen Medien besinnen sich die Menschen der Region auf das gute alte Buch zurück. Lesen ist wieder in! Mit einem Glas Rotwein und einem Buch macht man es sich im *Café Lembarzique (31, Route de Périgueux, Lembras, www.lembarzique.fr)* be-quem. Auch Vorlesenlassen steht hoch im
Kurs. In Bordeaux trägt *Laurent Potreau (www.lire-pour-vous.fr)* auf Anfrage gerne die Klassiker der Weltliteratur vor. Organisationen wie das *CNDP (www.bienlire.education.fr)* haben es sich zur Aufgabe gemacht, jungen Menschen die Lust am Buch nahezubringen.

▶▶ ALLES PAPPE

Ungewöhnliches Material für ebensolche Möbel

Ein Bett aus Karton? Eine Louis-XV-Kommode aus Pappmaché? Warum nicht! Möbeldesigner der Region probieren neue Materialien aus, und recyceltes Papier ist der letzte Schrei. Bei *Dominique Halimi (14, Cité de Lisbonnes, Bordeaux, http://ppc 33.free.fr)* oder *Gaëlle Gay (55, Avenue de Bordeaux, Andernos-les-Bains, www.lelieuou.com)* shoppt man nicht nur die ausgefallenen Pappmöbel, sondern kann sich seinen eigenen Stuhl während eines Workshops basteln. Einen Vorgeschmack gibt es im *100%-Karton*-Blog *(www.centpourcentkarton.blogspot.com)*.

▶▶ MOTTO-CLUBS

Partyfieber mit Plan

Während anderswo noch Mottopartys gefeiert werden, ist man in Bordeaux schon einen Schritt weiter: Hier stehen gleich ganze Clubs unter einem Motto. Der *Austin Club (16, Rue du Commerce, www.austin-loft.fr)* betört seine Gäste mit Sechziger-Jahre-Kitsch und Motown-Sound. Extrem karibisch fühlen sich Nachtschwärmer im *L'Extrem (7, Rue Marcel Sembat, www.extremtropical.skyrock.com),* das ganz im Tropical-Island-Style daherkommt. Piraten und eine Buddel Rum gehören zusammen wie Partylaune und ein guter Club – genau das haben die Macher der *Rhymerie 33 (72, Quai de Paludate, www.rhumerie33.com)* erkannt und ihren Laden als Piratenbucht mit vielen verschiedenen Rumsorten konzipiert.

▶▶ GRÜNER LIFESTYLE

Öko-Test: Sehr gut

Das neue grüne Bewusstsein durchzieht fast alle Bereiche an der Atlantikküste. So radeln die Einwohner von Bordeaux ein Jahr lang gratis. Wie das geht? Nach Vorlage einer Meldebescheinigung stellt die Stadt dem Bikefan eines von 4000 Rädern zur Verfügung. Nach Ablauf von zwölf Monaten muss er das Rad zurückge-

ben. Außerdem ist die Innenstadt jeden ersten Sonntag im Monat autofrei. In Sachen Mode und Kosmetik stellt die Region ebenfalls ihr grünes Bewusstsein unter Beweis. In der *Boutique Sarl Mia Selection (23, Rue de la Course, Bordeaux, www.mia-selection-bordeaux.com)* oder bei *C'est pas ma Faute (4, Rue Amelot, La Rochelle)* werden nur Bioartikel angeboten. Auch viele Winzer aus Aquitanien *(www.vigneronsbio-aquitaine.org)* bemühen sich um nachhaltigen Bodenschutz und stellen Bioweine her.

▶▶ EN VOGUE

Konkurrenz für Paris

Auch fernab der Modehauptstadt designen Nachwuchstalente ihre ungewöhnlichen Kreationen. So zaubert *Laure Delhaye (www.lauredelhaye creation.com,* Foto) aus recycelten Plastiktüten Handtaschen, City-Shopper und Geldbeutel. Der Schuhmacher *Alexandre Portejoie (42, Rue de Cheverus, Bordeaux, www.bottier-portejoie.com)* bleibt zwar bei seinen Leisten, in Form und Farbe aber bricht er mit den Konventionen. Zu viel bekommt wohl niemand in Caroline Chardins Boutique *Too Much (2, Rue de la Merci, Bordeaux, www.caroline chardin-creations.fr):* Die Designerin setzt auf minimalistische Outfits. Freaky geht es bei *Wap Doo Wap (216, Rue Sainte-Catherine, Bordeaux, www.wapdoowap.fr)* zu, wo ein Künstlerkollektiv die neuesten Schöpfungen anbietet.

> FRISCHE AUSTERN, WASSER, SALZ UND DAS MEER

Um diese Phänomene kommen Sie bei Ihrer Atlantikreise nicht herum: Eckpfeiler südwestfranzösischen Selbstverständnisses

AIRBUS

Auch wenn die Fertigstellung des A 380 länger dauerte als geplant, sonnt man sich an der Côte d'Amour gerne im Ruhm des Riesenjumbo. Der Flugzeughersteller Airbus spielt hier eine wichtige Rolle. Das liegt in erster Linie an den rund 2300 Arbeitsplätzen am Standort in Saint-Nazaire und weiteren 2000 in Nantes, die der nach dem Niedergang der Werftindustrie wirtschaftlich angeschlagenen Region entscheidende neue Impulse gegeben haben. Auch Urlauber können am Airbusenthusiasmus teilhaben: In Saint-Nazaire werden im Sommer regelmäßig Führungen für Touristen angeboten. Der Fliegerei ist man an Frankreichs Atlantikküste seit jeher verbunden: Schon in den Dreißigerjahren wurden an der Côte d'Argent Wasserflugzeuge getestet.

Bild: Dune du Pilat und Banc d'Arguin

STICH WORTE

AUSTERN

Anderswo sind sie Luxus, an der Atlantikküste gehören sie zum Alltag: Austern. Sie sind sowohl eine Leidenschaft der Küstenbewohner als auch ein Wirtschaftsfaktor: 110 000 t Austern schlürfen allein die Franzosen Jahr für Jahr. Während die Bänke bei Flut unsichtbar im Wasser liegen, prägen die *cabanes* das Bild der Küste: Hütten, in denen die Züchter die

Austern verarbeiten und die frischesten (und preiswertesten) oft auch gleich verkaufen. Außer sorgfältiger Pflege und Verarbeitung spielen die Wasserqualität und -temperatur die größte Rolle beim Geschmack dieser Meeresfrucht. Zu den besten zählen die Austern von Marennes-Oléron bei La Rochelle – mit 40 000 t im Jahr das ergiebigste Zuchtbecken Europas – und die des Bassin d'Arcachon, wo optimale Wassertemperaturen und ein ideales Zusammenspiel von Salz- und Süßwasser herrschen. Auch die Gezeitenunterschiede sorgen für Frische. Bei Ebbe sind die Austern geschlossen; dann gehen die Züchter in ihre Bänke, um die Säcke mit den Meeresfrüchten darin umzudrehen – die unteren wachsen langsamer. Flutet das Meer zurück, öffnen sich die Austern, um Nahrung aufzunehmen. Drei bis vier Jahre dauert es, bis eine Auster auf dem Teller liegt. Zuvor haben die Austernfarmer sie bis zu 20-mal aus dem Wasser geholt, gereinigt, sortiert und zurück auf die Austernbänke gebracht. Am besten schmecken sie pur, höchstens mit einem Spritzer Zitrone.

Im Sommer 2008 vernichtete ein rätselhaftes Austernsterben innerhalb weniger Tage einen großen Teil des Bestands. Vor allem ein- bis zweijährige Austern waren betroffen, weshalb es 2010 deutlich weniger geben wird – und ihr Preis entsprechend höher ausfallen wird.

BASKEN

250 000 Basken leben im Pays Basque im äußersten Südwesten Frankreichs, 2,5 Mio. im Norden Spaniens. Sie verbindet ihre eigentümliche Sprache *euskara,* die als die älteste in Europa gilt. Obwohl sie mittlerweile gefördert wird – Schilder etwa sind im Baskenland zweisprachig –, ist sie noch immer bedroht. Nicht einmal die Hälfte der Basken beherrscht sie, in Schulen wird sie nicht flächendeckend gelehrt. Baskische Traditionen wie das Pelotaspiel und archaische Kraftsportarten werden aber ebenso wie die baskische Architektur liebevoll gepflegt.

Den französischen Basken ist ein eigener Staat anders als ihren Landsleuten in Spanien kein Anliegen, sie sind fest in Frankreich verwurzelt.

COURSE LANDAISE

Zum Kampf zwischen Mensch und Kuh, der in den Landes zur lebendigen Folklore gehört, braucht es Mut und Geschicklichkeit – jedenfalls aufseiten des Toreros, denn wenn bei dem Kräftemessen am Schluss einer der Beteiligten verletzt – oder gar tot – ist, so ist es bei der *course landaise* der Torero. Denn er hat sich zwar dämpfende Polster unter Hose, Weste und Jacke gezogen, aber er ist unbewaffnet. So spät wie möglich weicht er der auf ihn zurasenden Kuh aus. Sinn der Sache ist, Mut und Geschicklichkeit unter Beweis zu stellen. 150 Arenen gibt es an der Küste und im Hinterland, zwischen März und Oktober geht es an jedem Wochenende rund. Termine unter *www. courselandaise.org.*

ELEONORE VON AQUITANIEN

Dieser Frau, auf Französisch Aliénor d'Aquitaine, werden Sie an der Küste immer wieder begegnen. Sie gibt Hotels, Restaurants und Straßen den Namen, sie hat einen festen Platz im Programm der Fremdenführer: Eleonore (ca. 1122–1204) war die Erbin des Herzogtums Aquitanien, wurde Königin von Frankreich und von England und war die vielleicht schillerndste Frauengestalt des Mittelalters. Dramatisch war auch ihre Bio-

Wir sind dann mal hier: Jakobspilger bei Saint-Jean-Pied-de-Port in den Pyrenäen

grafie, und sie spielt an dieser Küste. Da aus der Verbindung mit Ludwig VII. kein Sohn hervorging, wurde die Ehe 1152 annulliert. Noch im selben Jahr heiratete sie Heinrich von Plantagenet, Graf von Anjou und Herzog der Normandie, der als Heinrich II. König von England wurde. Zusammen kontrollierten die beiden den Südwesten Frankreichs und England. Aber auch zwischen ihnen krachte es: Heinrich flirtete fremd, Eleonore führte in Poitiers ihren eigenen Hof. Unter ihrem Einfluss erhoben sich die Söhne gegen den Vater, Heinrich kämpfte die Rebellion nieder und kerkerte Eleonore ein. Erst nach seinem Tod 1189 übernahm sie neuerlich das Zepter, bis sie 1204 starb.

JAKOBSWEG

Seit über 1000 Jahren wandern die Menschen zum mutmaßlichen Grab des Apostels Jakobus im spanischen Santiago de Compostela. Die Jakobsmuschel, seit dem 11. Jh. Symbol der Pilger, findet sich an vielen Sakralbauten Aquitaniens. Eine der vier Hauptpilgerrouten durch Frankreich, die sich in den Pyrenäen treffen, führt von Soulac-sur-Mer an der Girondemündung an der Atlantikküste entlang bis nach Saint-Jean-de-Luz. Der Küsten- oder „Engländerweg" (ihn wählten nämlich vor allem Engländer, aber auch Holländer und Bretonen) ist die direkteste Verbindung in die Pyrenäen. Heute ist er auf 550 km als Fahrradweg ausgebaut.

O

Klar, das Wasser spielt (neben dem Wein) die wichtigste Rolle in einer Region, deren größter Teil schon seit den Tagen der Römer Aquitanien heißt. Und so gibt das „O" – im

SMS-Französisch die Kurzform für *eau* = Wasser – derzeit angesagten Bars und Restaurants den Namen bzw. einen Teil desselben. Dort trifft sich trendiges Publikum – zum Beispiel in Biarritz.

PÊCHE À PIED

Jeden Tag lässt die Ebbe auf dem Strand eine gewaltige Meeresfrüchteplatte zurück. Dann ziehen Anwohner und Urlauber mit Schippen, Harken und Eimern los, um Muscheln, Austern, Krebse fürs Abendessen zu sammeln. Erkundigen Sie sich bei der Touristeninformation über die Mindestgröße der einzelnen Arten, bevor diese gesammelt werden dürfen!

SALZGÄRTEN

Die *marais salants,* die Salzgärten, reichten einstmals von der südlichen Bretagne bis zur Mündung der Gironde. Als sich später das Meer weiter zurückzog, versumpften die Salzgärten. Heute wird an der Küste wieder Salz gewonnen. Gewürzte Varianten und vor allem das kostbare *fleur de sel,* das sich nur an sehr heißen Tagen als hauchdünne Schicht an der Wasseroberfläche absetzt und mit einer Holzschaufel abgeschöpft wird, werden von Feinschmeckern geschätzt. Die Salzgärten bestehen aus Kanälen, die Meerwasser ins Landesinnere in flache, *aires* genannte Becken mit leichten Niveauunterschieden leiten. Das Wasser fließt, durch Schieber gesteuert, von einem Becken zum anderen. An der Oberfläche bildet sich eine rosafarbene Kristallschicht, die beim Trocknen weiß wird. Die kleinen Kristalle an der Oberfläche bilden den Kern, um den die größeren Kristalle des grauen Salzes entstehen. Dies wird in der

Mitte des Beckens aufgehäuft, damit es abtropft, und schließlich am Rand der Saline zu den charakteristischen, pyramidenförmigen Salzbergen aufgetürmt, die man in der Vendée und auf Noirmoutier und Ré sieht.

THALASSO-THERAPIE

Hinter dem Begriff Thalassotherapie verbergen sich Meerwasserkuren, die in den meisten Seebädern der Atlantikküste angeboten werden. Betreibt man dieses u. a. aus Wassergymnastik, Meersprudelbädern, Massagen mit Jetstrahlduschen, Algen- und Schlickpackungen bestehende Unternehmen ernsthaft, sollte man mindestens eine Woche investieren, während der die Hälfte jedes Tages der Kur gewidmet ist. Aber auch ein Tag im Thalassospa kann äußerst wohltuend und entspannend sein. Thalassotherapie hilft bei Rückenleiden, Atemwegs- und Hautkrankheiten, Rheuma und Stress und verbessert das allgemeine Wohlbefinden. Sonne und Meerluft tun ein Übriges.

WEIN

Seit der Römerzeit wird in Südwestfrankreich Wein angebaut. Nach dem Niedergang des Römischen Reichs waren es die Mönche, die sich der Freuden des Rebensafts erinnerten. Zum Riesengeschäft machte den Weinbau indes die Heirat von Eleonore von Aquitanien mit Heinrich Plantagenet: Durch diese Verbindung entstand ein lebhafter Handel mit England und mit den Hansestädten, von dem vor allem Bordeaux und Bayonne profitierten. Heute garantieren allein rund um Bordeaux ungefähr 8000 *châteaux,* wie die oftmals geradezu fürstlich anmutenden Weingüter heißen, dafür, dass Ihrer Probierlust hier allenfalls zeitliche Gren-

In Saint-Émilion werden die Keller zur Beletage: Château Franc Mayne

zen gesetzt sind. Das Bordelais ist mit einer Produktion von 700 Mio. Flaschen im Jahr das größte Weinbaugebiet der Welt. Zu den weltbekannten Spitzenerzeugnissen aus dem Bordelais gehören z. B. die fünf *premiers crus classés* des 1500 *châteaux* zählenden Gebiets Médoc: Château Lafite-Rothschild, Château Latour und Château Mouton-Rothschild in Pauillac sowie, etwas weiter südlich, Château Margaux und Château Haut-Brion. Médoc und Haut-Médoc liegen in wunderschöner Landschaft an der Mündung der Gironde.

MARATHON MIT UND ZUM WEIN

Vom Kampf mit der Kuh bis zum Fest für den Fisch

■ FEIERTAGE ■

1. Jan. *(Jour de l'An);* **Ostermontag** *(Lundi de Pâques);* **1. Mai** *(Fête du Travail);* **8. Mai** (Kriegsende 1945); **Himmelfahrt** *(Ascension);* **Pfingstmon- tag** *(Lundi de Pentecôte);* **14. Juli** *(Fête Nationale);* **15. Aug.** *(Assomption);* **1. Nov.** *(Toussaint);* **11. Nov.** (Kriegsende 1918); **25. Dez.** *(Noël)*

FESTE UND VERANSTALTUNGEN

Pfingsten
Saint-Gilles-Croix-de-Vie in der Vendée ist am Pfingstwochenende die Kulisse des internationalen Jazzfestivals *Saint Jazz sur Vie. www.saint-jazz-sur-vie. com*

Juni
Ein Frühlingsfest mit Kostümumzug ist die *Fête du Printemps et Proclamation du Vin Nouveau* in Saint-Émilion am dritten Junisonntag, bei der die Winzer zugleich die Qualität des neuen Weins bekanntgeben.

Bordeaux lädt in geraden Jahren Ende Juni/Anfang Juli zum Weinfest *Bordeaux Fête le Vin (www.bordeaux-fete-le-vin. com).*

Juli
Junge und etablierte Künstler und Orchester konzertieren im Juli im Rahmen der *Musique au Cœur du Médoc* in *châteaux* und Klöstern des Médoc – mit anschließender Weinprobe. *www.estivales-musique-medoc.com*
Bei der *Fête du Thon* am zweiten Wochenende in Saint-Jean-de-Luz gibt es Straßenmusik und jede Menge Thunfischköstlichkeiten.
Am *Nationalfeiertag,* dem 14. Juli, geht es überall rund; die Feierlichkeiten beginnen meist bereits am Vorabend, oft mit einem großen Feuerwerk.
La Pue au Jazz lockt Mitte Juli Jazzfans nach Bayonne.
Beim *Biarritz Surf Festival* trifft sich in der dritten Juliwoche in Biarritz die internationale Surfergemeinde; die besten Wellenreiterinnen der Welt

Insider Tip

Aktuelle Events weltweit auf www.marcopolo.de/events

> EVENTS
FESTE & MEHR

kommen kurz vorher zum *Roxy Jam Biarritz*.

Juli/August
Mitte Juli (Wiederholung Mitte August) gibt es bei der *Fête de la Sardine* in La Turballe Unterhaltung und viele Kostproben.

Bei der *Bataille de Castillon (www. batailledecastillon.com)* in Castillon-la-Bataille wird alljährlich die Schlacht zwischen England und Frankreich nachgespielt, die 1453 das Ende des 100-jährigen Kriegs und der englischen Besatzung bedeutete.

Jazz and Wine verbinden sich an jedem Freitagabend im Juli und August in Weingütern in und um Pauillac zu einer musikalischen Weinprobe.

August
Beim Festival der baskischen Kraftsportarten *Force Basque* messen sich Mitte August in Saint-Palais kräftige Männer im Tauziehen, Holzhacken und Steinestemmen.

Am Wochenende um den 15. treffen sich bei den *Regates du Bois de la Chaise* vor der Insel Noirmoutier über 140 Holzsegler.

Mitte August feiert Arcachon eine *Fête de la Mer* mit Feuerwerk und einem Riesenpicknick am Strand.

Ein Riesenfeuerwerk wird auch bei der *Gala pyrotechnique* Mitte des Monats in Biarritz abgefackelt.

Das Jazz- und Weltmusikfestival *Les Rendezvous de l'Erdre (www.rendezvouser dre.com)* in Nantes findet an drei Tagen Ende August an den Ufern der Erdre statt.

September
7000 überwiegend kostümierte Läufer nehmen am *Médoc-Marathon (www. marathondumedoc.com)* am zweiten Septemberwochenende teil.

Oktober
Bei der *Course des Garçons de Café* Ende des Monats in Saint-Émilion müssen die Kellner ein Tablett durch die Gassen balancieren.

> AUSTERN, ENTENBRUST UND SPITZENWEINE

Zu den Verlockungen der Atlantikküste gehören Fisch und Meeresfrüchte ebenso wie die deftigere Küche des Hinterlands

> In Frankreich gilt das Kochen als Kunst und die Herstellung von Lebensmitteln als Kunsthandwerk, das keine Kompromisse duldet. Neben den großen Supermärkten mit ihren erstklassig bestückten Fisch-, Fleisch- und Käsetheken halten sich überall auch Bäcker, Konditoren, Fisch-, Gemüse- und Käsehändler sowie *chocolatiers*. Alles dreht sich um frische, unverfälschte Zutaten, möglichst aus der Region. An der Küste dominieren Fisch und Meeresfrüchte das Angebot. Je weiter man ins Hinterland vordringt, umso deftiger wird gekocht: vom geschmorten Aal bis zum *cassoulet*, einem kräftigen Bohneneintopf aus dem Périgord, der durch ein *confit* von Entenkeulen oder -flügeln seine besondere Note erhält. Außer Stopfleber *(foie gras)* von Ente oder Gans und zarter Entenbrust *(magret de canard)* werden Entenkeulen *(cuisses)* und Entenfilet *(aiguillettes)* serviert, und selbst das

> *www.marcopolo.de/frankreichatlantik*

ESSEN & TRINKEN

Fett und die Innereien werden verarbeitet, z. B. die Mägen *(gésiers),* mit ihrem zarten, aromatischen Muskelfleisch.

Bordeaux ist für Steinpilze berühmt, die im Omelett oder als Beilage zum Entrecôte serviert werden. Aus Bazas und den Landes stammen Rinder, deren Fleisch besonders zart und schmackhaft ist. Weil sie bis heute nicht gezüchtet werden können, sind die schwarzen Trüffeln aus dem Périgord eine Spezialität, die ihren Preis hat. Doch reichen schon ein paar kleine Stücke, um Stopfleber, Geflügel oder auch ein Omelett mit unvergleichlichem Aroma zu veredeln.

Der kulinarische Start in den Tag ist leicht – und süß. Das Frühstück erschöpft sich im Hotel wie im Café zumeist in einem Milchkaffee *(café creme)* mit Croissant, Baguette, Butter und Marmelade. In den Küstenhotels ist das Angebot um frische

Früchte und, mit Rücksicht auf die Gäste von der Insel, bisweilen um angelsächsische Eierspeisen erweitert.

Als Mittagessen sind an der Küste *moules frites* beliebt, Miesmuscheln mit Pommes frites, und immer findet sich auf der Karte auch ein *steak frites* und ein Salatteller mit und ohne Meeresfrüchte. Bars und Brasserien bieten fürs schnelle Mittagessen belegte Baguettes *(sandwich)* oder einen *croque monsieur*, einen überbackenen Toast mit Käse und Schinken. Ein halbes oder ganzes Dutzend Austern, das am Abend eher als Vorspeise gegessen wird, ist an

> SPEZIALITÄTEN

Genießen Sie die typische Küche der Atlantikküste!

agneau de pré-salé – besonders aromatisches Lamm von den Salzmarschweiden der Vendée

bordelaise, à la – auf Bordeaux-Art: mit Schalotten, Estragon und Rotweinsauce, z. B. zu Entrecôte

brébis (des Pyrénées) – Schafskäse (aus den Pyrenäen)

chipirons (à l'encre) – kleine Tintenfische (in eigener Tinte)

confit de canard – im eigenen Fett eingemachte Entenkeulen und -flügel

coquilles Saint-Jacques – Jakobsmuscheln

foie gras – Fettleber von gemästeten Gänsen *(d'oie)* und Enten *(de canard)*

garbure – Kohlsuppe mit Fleisch

gâteau basque – baskischer Rührkuchen

huîtres – Austern; am verbreitetsten ist die *fine de claire* aus den Zuchtbecken (Foto)

jambon de Bayonne – luftgetrockneter Schinken aus Bayonne

landaise, à la – nach Art der Landes: mit Knoblauch und Pinienkernen in Gänsefett gegart

loukinkos – baskische Knoblauchwurst

marmitako – baskisches Thunfischragout

mouclade – Miesmuscheln in sämiger Weißwein-Eigelb-Sauce, manchmal auch mit Curry

moules – Miesmuscheln

pipérade – baskisches Omelett mit Paprika und Tomate

plateau de fruits de mer – rohe – Muscheln *(coquillages)* und Austern *(huîtres)* – und gekochte – Garnelen *(crevettes),* Meeresschnecken *(bulots* und *bigorneaux),* Seespinne *(araignée de mer),* Taschenkrebs *(tourteau),* Hummer *(homard)* oder Languste *(langouste),* – Krusten- und Schaltiere auf einer großen Platte

salmis – Ragout in würziger Sauce, z. B. *canard* (Ente) oder *palombe* (Taube)

ttoro – baskische Fischsuppe mit Tomaten und Paprika

der Küste ebenfalls überall zu haben – und zwar sehr preiswert. Sie werden meist roh serviert und höchstens mit einem Spritzer Zitrone beträufelt, bevor man sie mit einem Gäbelchen löst und aus der Schale schlürft.

Die wichtigste Mahlzeit im französischen Alltag ist das *dîner,* das zwischen 19 und 21.30 Uhr genossen wird – mit mehreren Gängen und immer mit Wein, das gilt für das volkstümliche Fischrestaurant am Hafen genauso wie für die Spitzengastronomie. Als Vorspeise werden meist Meeresfrüchte gereicht. Fischverächter müssen dennoch nicht darben: Es gibt auch Kräuterpasteten, Suppen und Salate, *foie gras* oder Schnecken. Der Hauptgang könnte ein perfekt gegartes Entrecôte sein (*saignant,* blutig, *à point,* medium, oder *bien cuit,* durchgebraten), Lamm, in Rotwein oder Cognac geschmorter Aal oder der Fang des Tages – entweder aus dem Meer oder Süßwasserfisch aus einem der Seen.

Eine ganze Palette köstlicher Ziegenkäse steht anschließend zur Wahl, zudem diverse Blauschimmelkäse und regionale Spezialitäten wie der Jonchée, ein Frischkäse aus Kuhmilch, der in der Gegend von Rochefort hergestellt wird. Zuletzt kommen die süßen Versuchungen: Klassiker wie eine *mousse au chocolat* oder aber lokale Köstlichkeiten wie der *broyé du Poitou,* ein knuspriger, mit Mandelsplittern verzierter Sandkuchen, der aufgrund seines reichlichen Buttergehalts nicht gerade leicht ist. Im Anschluss gibt es einen Cognac als Digestif.

Das wichtigste Getränk zu den Mahlzeiten ist in dieser Gegend natürlich Wein, vorzugsweise aus dem Bordelais. Im Médoc und in Saint-Émilion werden die großen Roten gekeltert, im Tal der Loire und im

Markenzeichen der baskischen Pyrenäen: der *piment d'Espelette*

Entre-Deux-Mers südöstlich von Bordeaux hervorragende Weißweine. Bei den Weißen sind zudem die Süßweine zu nennen, die ihren Reiz zu Dessert und Käse, aber auch zu *foie gras* entfalten. Am berühmtesten ist der aus überreif gelesenen Sémillontrauben gekelterte Sauternes.

Vor allem als Aperitif ist der Pineau des Charentes aus der Region Poitou-Charentes zu Ruhm gekommen, der zu drei Vierteln aus süßem Traubenmost und zu einem Viertel aus Cognac besteht. Er schmeckt aber auch als Dessertwein zu Melone und anderem Obst. Weißer Pineau ist trockener, Pineau rosé fruchtiger. Auch das 800 km² große Anbaugebiet Cognac im Hinterland von Royan erstreckt sich bis an die Atlantikküste. Er wird vor allem nach dem Essen gereicht, kommt aber auch als Aperitif in Mode.

AUF DEN MARKT UND ZUM WINZER

Für die Bestückung von Küche, Keller und Kleiderschrank finden Sie an der Atlantikküste ein reiches Angebot

> Auf bunten Märkten, in hübschen Geschäften oder direkt beim Winzer werden Schauen und Shoppen zum Genuss. Kernöffnungszeiten sind Mo bis Sa von 9 bis 19 Uhr. In Dörfern und Kleinstädten ist eine Mittagspause üblich, in den Ferienorten bleiben Boutiquen und Läden für Strand- und Surfbedarf durchgehend und auch abends länger offen, auch sonntags.

KINDERBEKLEIDUNG

Günstiger und oft auch origineller und schöner als bei uns ist die französische Kindermode. Marken, die in Deutschland schon als exklusiv gelten, sind in Frankreich eher Standard – z. B. Kinderunterwäsche von Petit Bateau, die es hier nicht nur in Boutiquen, sondern auch im Kaufhaus Monoprix und in den *hypermarchés* von Leclerc zu kaufen gibt – das schlägt sich auch im Preis nieder! Sehr angesagt und dabei preiswert ist auch das Label Du Pareil au Même (DPAM) (z. B. in Nantes, Saint-Nazaire, La Rochelle und Bordeaux).

KÜCHENZUBEHÖR & ACCESSOIRES

Auch Küchenzubehör gibt schöne Souvenirs ab: vom Eierbecher aus Porzellan über Milchkaffeeschalen mit maritimen Mustern bis hin zu Geschirrtuch und Küchenschürze – an der nördlichen Atlantikküste in bretonischen Dessins, an der Côte Basque mit den traditionellen bunten Streifen. Diese Streifen zieren auch Tischdecken, Servietten und Kissenbezüge. Sie finden sie in Boutiquen in Biarritz, Bayonne und Saint-Jean-de-Luz, aber auch in den Dörfern des Baskenlands.

KULINARISCHES

Shoppen und Schlemmen sind an der Atlantikküste eng miteinander verbunden. Dafür sorgen Märkte und fabelhafte Feinkostläden. Nicht nur Schokoholics werden sich beim Chocolatier wie im Himmel fühlen. Als Mitbringsel sind handgefertigte Schokoladen im Sommer weniger geeignet, für den Genuss an Ort und Stelle umso mehr. Grobes Meer-

> EINKAUFEN

salz oder das feine, delikate *fleur de sel* aus den Salzgärten von Guérande oder von den Inseln lässt sich dagegen leicht verpacken.

■ MODE ■

An den Küstenorten und in Nantes, La Rochelle und Bordeaux sind die meisten Modemarken aus Paris vertreten – jedoch nicht unbedingt zu günstigeren Preisen. Dafür wird in Frankreich der Sommerschlussverkauf gepflegt: Ungefähr zu Beginn der Ferien kann man echte Schnäppchen machen.

■ MUSIK ■

Achten Sie im CD-Laden auf das in Bordeaux ansässige Independentlabel Vicious Circle, das sich Künstlern aus der Region widmet, darunter etwa die Band Calc. Auch Mélanie Valéra aus Bordeaux gehört zu den Entdeckungen des Hauses. Sie hat unter dem Projektnamen „Tender Forever" in den letzten Jahren das Elektropopalbum „The Soft and the Hardcore" und den Nachfolger „Wider"

(bei K Records) herausgebracht, die in Frankreich über Vicious Circle vertrieben werden. Beide Alben bewahren ihren Zauber über die Dauer des Urlaubs hinaus.

■ NACHTMÄRKTE ■

An der Küste finden im Hochsommer häufig Nachtmärkte (19 bis 22 Uhr) statt, bei denen Kunsthandwerk, Spezialitäten und Kleidung verkauft werden. Außer den Ateliers von Kunsthardwerkern lohnen Antiquitätengeschäfte einen Besuch. Die Ware ist nicht billig, aber originell und schön gearbeitet.

■ WEIN & SPIRITUOSEN ■

Beim Winzer können Sie probieren und sich den Kofferraum vollladen. Gute Weine finden Sie im Tal der Loire und im Bordelais, Pineau des Charentes und Cognac in der Charente im Hinterland der Côte de Lumière. Lassen Sie sich beraten, welche Weine die Heimreise am besten überstehen!

> FELSBUCHTEN, FISCHERDÖRFER UND EIN MONDÄNES SEEBAD

Ein eleganter Badeort, die Salzgärten um Guérande und ein vielseitiges Hinterland: die abwechslungsreiche „Küste der Liebe"

> Historisch gehört dieser Abschnitt der Französischen Atlantikküste teilweise zur südlichen Bretagne, über die ein separater MARCO POLO Band informiert.
Heute zählt das Département Loire-Atlantique administrativ zur Region Pays-de-la-Loire, doch das bretonische Erbe ist im Bewusstsein der Menschen ganz lebendig: Immer wieder sieht man auf Ortsschildern den Graffitizusatz „en Bretagne". Außer Nantes, einstmals Hauptstadt

der Bretagne und heute des Pays-de-la-Loire, gehören das Traditionssee-bad La Baule und die Hafenstadt Saint-Nazaire dazu. Auf der Halbinsel von Guérande wird – wie in der Vendée an der Côte de Lumière – seit Jahrhunderten Salz gewonnen. Erntezeit ist von Juni bis September, besichtigen kann man die Salzgärten das ganze Jahr. An der Côte d'Amour schmiegen sich außerdem idyllische Fischerdörfer in Felsbuchten.

Bild: Strand von La Baule

CÔTE D'AMOUR

Côte de Jade heißt der schon jenseits der Loiremündung gelegene Küstenstreifen, der sich von der Pointe de Saint-Gildas, einer bizarr geformten Felsenlandschaft, bis nach Pornic erstreckt.

LA BAULE

[118 A2] Der traditionsreiche Badeort (18 000 Ew.) auf der Halbinsel von Guérande wurde Anfang des 20. Jhs. als Seebad angelegt; vermögende Leute aus Paris ließen sich ihre Villen so bauen, wie sie sie aus den Seebädern der Normandie kannten. Ein Bummel entlang der Villen von den Achtzigerjahren des 19 bis zu den Fünfzigerjahren des 20 Jhs. ist wie eine schnelle Frankreichreise: baskische, normannische, provenzalische Häuser säumen die schöne Bucht. Und natürlich jede Menge Hotels. 2000 Häuser sind denkmalgeschützt und machen neben dem fast 10 km langen, feinsandigen Strand und einem großen Freizeit- und Sportangebot den Reiz dieses Orts aus.

CROISETTE
In der preiswerten, gemütlichen Brasserie befinden Sie sich mitten im Geschehen. *Tgl. | 31, Place du Maré-*

Fanggeschirr im betriebsamen Fischerhafen von Le Croisic

MUSÉE AÉRONAUTIQUE DE LA PRESQU'ÎLE CÔTE D'AMOUR
Das Museum zeigt Fluggerät aus den Kindertagen der Fliegerei bis zu Maschinen aus den Siebzigerjahren. *Aérodrome de la Baule | Mo und Mi–Fr 14–17 Uhr | www.mapica.org*

CASTEL MARIE-LOUISE
Spitzenküche von Eric Mignard mit regionalem Schwerpunkt im gleichnamigen Hotel. *Außer So (Juli/Aug. Sa/So) mittags geschl. | 1, Avenue Andrieu | Tel. 02 40 11 48 38 | €€€*

chal Leclerc | Tel. 02 40 60 73 00 | www.lacroisette.fr | €

LE TAM TAM
Austern, Fisch und regionale Spezialitäten auf dem Strand. *Gegenüber Nr. 16, Boulevard Darlu | Tel. 02 40 24 26 47 | €€*

Inside Tip

LA VÉRANDA
Anspruchsvolle und originelle Küche im Hotel Bellevue Plage. *Mo-Mittag und Mi im Juli/Aug. nur Mo-Mittag geschl. | 27, Boulevard de l'Océan | Tel. 02 40 60 57 77 | www.restaurant-laveranda.com | €€€*

CÔTE D'AMOUR

EINKAUFEN

Viele Boutiquen finden Sie an der *Avenue Pierre Loti*. Auf dem *Markt (Di–So | Avenue du Marché)* kann man nicht nur Salz und Souvenirs kaufen, sondern auch Austern zu einem Glas Wein schlürfen. Probieren Sie *caramels au beurre salé*, die Mischung aus süßem Karamell und Salzbutter ist unwiderstehlich! Samstags trifft sich hier die ganze Stadt. Im Juli und August findet sonntagvormittags an der *Avenue des Ibis* ein *Markt für Kunsthandwerk* statt.

ÜBERNACHTEN

HERMITAGE BARRIÈRE

Eines der gediegensten Häuser am Platz – oder vielmehr: am Strand. *192 Zi. | 5, Esplanade Lucien Barrière | Tel. 02 40 11 46 46 | Fax 02 40 11 46 45 | www.hermitage-barriere.com | €€€*

VILLA CAP D'AIL 🔊

100 m vom Strand liegt diese für La Baule typische, 1927 errichtete Villa mit individuell eingerichteten Zimmern und schönem Garten. *22 Zi. | 145, Avenue Maréchal-de-Lattre-de-Tassigny | Tel. 02 40 60 29 30 | www.villacapdail.com | €€*

FREIZEIT & SPORT

Sie finden das gesamte Angebot eines großen Seebads von allen Wassersportarten über Fahrradverleiher bis zu Ausritten. Golfplätze gibt es in Guérande, Le Croisic, Mesquer und Saint-André-des-Eaux. Thalassotherapie bieten *Relais Thalasso La Baule (28, Boulevard de l'Océan | Tel. 02 40 11 32 11 | www.thalasso-la baule.com)* und *Thalgo La Baule (Avenue Marie-Louise | Tel. 02 40 11 99 99 | Fax 02 40 60 55 17 | www.thalasso-barriere.com).*

AM ABEND

Beliebte Clubs sind *Le Théâtre (10, Avenue Pavie)* und *L'Indiana Club* im Kasino *(Esplanade Lucien Barrière)*.

AUSKUNFT

8, Place de la Victoire | Tel. 02 40 24 34 44 | Fax 02 40 11 08 10 | www.labaule.fr

ZIELE IN DER UMGEBUNG

LE CROISIC   [118 A2]

Der schöne Urlaubsort (4600 Ew.) mit Fischer- und Yachthafen liegt am Ende einer Halbinsel 10 km westlich von La Baule. Obwohl die Küste und ihre Badestellen von Felsen geprägt sind, tun sich hier bei Ebbe ansehnliche Sandbuchten auf. Fauna und Flora des Atlantiks präsentiert das *Ocearium du Croisic (Avenue de Saint-Goustan | Juni–Aug. tgl. 10 bis 19, sonst meist 10–12 und 14–18 Uhr | www.ocearium-croisic.fr).*

MARCO POLO HIGHLIGHTS

⭐ **Pornic**
Wunderschöner Küstenort an der Côte de Jade mit Hafen und aussichtsreichen Küstenwegen (Seite 40)

⭐ **Erlebnismuseum Escal'Atlantic**
Wer sich für Schiffe oder Reisen interessiert, wird in Saint-Nazaire Spaß haben (Seite 35)

LA BAULE

An der Spitze der Halbinsel thront das elegante Hotelrestaurant 🔊 *Le Fort de l'Océan (9 Zi. | Restaurant Sept.–Juni Mo/Di, Juli Mo–Do mittags geschl., Aug. tgl. | La Pointe du Croisic | Tel. 02 40 15 77 77 | Fax 02 40 15 77 80 | www.fort-ocean. com | €€€).* Vom Hafen verkehren Fähren zu den bretonischen Inseln Belle-Île, Houat und Hœdic. Auskunft: *Place du 18 juin 1940 | Tel. 02 40 23 00 70 | Fax 02 40 23 23 70 | www.ot-lecroisic.com*

GUÉRANDE   [118 A2]

6 km nördlich von La Baule liegt die Hauptstadt (14 000 Ew.) der Salzgärten. Eindrucksvoll ist die mittelalterliche Stadtmauer mit ihren Türmen und Toren. In den Salzgärten wird mit *fleur de sel* die Krönung des Meersalzes gewonnen. Besichtigung der Salzgärten mit Ausstellung: *Terre de Sel (Route des Marais Salants | Pradel | April/Mai tgl. 10–12.30 und 14–18, Juni und Sept. 10–18, Juli/ Aug. 9.30–20, Okt.–März 10–12.30 und 14–17 Uhr | www.terredesel.fr).* Interessant ist auch das *Musée du Pays de Guérande (Porte Saint-Michel | April–Sept. Di–So 10–12.30 und tgl. 14.30–19, Okt. Di–So 10–12 und tgl. 14–18 Uhr).* Es erläutert in einem der drei Stadttore auf drei Etagen die Geschichte von Stadt und Region. Auskunft: *1, Place du Marché aux Bois | Tel. 02 40 24 96 71 | Fax 02 40 62 04 24 | www.ot-gue rande.fr*

PARC NATUREL RÉGIONAL
DE BRIÈRE   [118 A–B2]

In der Marsch- und Sumpflandschaft des 490 km² großen Regionalparks kann man geführte Bootstouren durch die Kanäle unternehmen, z. B. von Saint-André-des-Eaux oder ab Saint-Lyphard. In bzw. bei *Saint-Ly-phard* gibt es ==zwei vorzügliche Restaurants mit regionalen Spezialitäten== *Insi Tip* (z. B. Aal in Salzkruste): *Auberge de Bréca (Sept.–Juli So-Abend und Do geschl., Aug. tgl. | Bréca | Tel. 02 40 91 41 42 | €€€)* sowie *Auberge Les Typhas (Mi-Mittag und Di geschl. | Rue du Vigonnet | Tel. 02 40 91 32 32 | €€).* Auskunft: *38, Rue de la Brière, La Chapelle des Marais | Tel. 02 40 66 85 01 | Fax 02 40 53 91 15 | www.parc-naturel-briere.fr*

PIRIAC-SUR-MER   [118 A2]

Früher verbrachten hier Künstler und Schriftsteller ihre Ferien. Heute ist das 18 km nordwestlich gelegene Städtchen (2200 Ew.) ein idyllischer, familienfreundlicher Ferienort mit Badebuchten vor Pinienwald. Im Juli/ August findet donnerstagabends auf der Place de l'Église ein Kunst- und Handwerksmarkt statt. Auskunft: *7, Rue des Cap-Horniers | Tel. 02 40 23 51 42 | Fax 02 40 23 51 19 | www.piriac.net*

PORNICHET   [118 A2]

Familienfreundliches Seebad (10 000 Ew.) am östlichen Ende der Bucht von La Baule mit drei Stränden. Besonders populär ist die 4 km lange *Plage Libraires,* die sanft abfällt. Die eleganten alten Fassaden und das Kasino zeugen von der Tradition Pornichets als Seebad. Thalassotherapie bietet das *Centre Daniel Jouvance (66, Boulevard des Océanides | Tel. 02 40 61 89 98 | Fax 02 40 61 77 70 |*

www.thalasso-danieljouvance.com).
Auskunft: *3, Boulevard de la République* | *Tel.* *02 40 61 33 33* | *Fax* *02 40 11 60 88* | *www.pornichet.fr*

SAINT-BRÉVIN-LES-PINS   [118 B2–3]

Wegen seiner langen und besonders festen Sandstrände ist Saint-Brévin ideal für Strandsurfer. Das kleine

der Mündung der Loire, die von einer spektakulären Brücke überspannt wird. Die Stadt ist in erster Linie Hafen, Werft und Sitz der Airbuswerke, besitzt aber auch 20 Strände. An der *Plage de Saint-Marc* erinnert eine Statue von Monsieur Hulot daran, dass Jacques Tati hier 1953 seinen berühmten Film drehte.

Der elegante Pont de Saint-Nazaire überspannt die breite Mündung der Loire

Traditionsseebad an der Loiremündung bietet aber auch Wassersport aller Art, den *Forêt de la Pierre Attelée* zum Wandern sowie ein Kasino. Auskunft: *10, Rue de l'Église* | *Tel.* *02 40 27 24 32* | *Fax 02 40 39 10 34* | *www.mairie-saint-brevin.fr*

SAINT-NAZAIRE   [118 B2]

Saint-Nazaire (68 000 Ew.) liegt 14 km östlich von La Baule direkt an

Das ★ Erlebnismuseum *Escal'Atlantic (April–Sept. tgl., Okt–Dez. und Feb./März Mi–So 10–12.30 und 14 bis 18, Mitte Juli–Mitte Aug. 10 bis 19 Uhr)* fasziniert als ein im ehemaligen U-Boot-Hafen nachgebauter Transatlantikdampfer, wie sie in den Zwanziger- und Dreißigerjahren des 20. Jhs. vor Saint-Nazaire aus den Atlantik in Richtung Amerika überquerten. Kabinen, Kommandobrücke

LA BAULE

und Promenadendecks sind authentisch hergerichtet. Die deutsche Armee baute den Hafen 1941, als sie Frankreich besetzt hielt, aus enormen 500 000 m³ Beton. Dem Versuch der Alliierten, ihn zu zerstören, fielen 90 Prozent der Stadt zum Opfer. Drei Kammern des Bunkers wurden inzwischen zu Veranstaltungssälen umge-

Ein Muss für Fans der Fliegerei ist das *Airbuswerk (Tel. 02 28 54 06 40)* am Hafen, wo u. a. der A 380 gebaut wird. Für die (französischsprachigen) Führungen muss man sich anmelden; im Sommer werden ab und zu englischsprachige Touren angeboten.

Frischen Fisch gibt es im Restaurant *La France (Plage de Saint-Marc*

Rekordverdächtig: An der Kathedrale von Nantes wurde 459 Jahre lang gebaut

baut: Der Saal ▶▶ *LIFE (Lieu International des Formes Emergentes | www.lelife.org)* ist ein Zentrum für zeitgenössische Kunstformen, das ▶▶ *VIP* eine Bühne für neue Musik mit angeschlossener Bar. Seit 2007 krönt das Berliner Radom den Bunker, jene Kuppel, die bis 2003 die Radaranlage des stillgelegten Flughafens Tempelhof vor schlechtem Wetter schützte.

| *Tel. 02 40 91 96 27 | €)*. Auskunft: *Boulevard de la Légion d'Honneur | Base sous-marine | Ville-Port | Tel. 02 40 22 40 65 | Fax 02 40 22 19 80 | www.saint-nazaire-tourisme.com*

LA TURBALLE   [118 C3–4]

Der kleine, bretonisch anmutende Fischerort (3000 Ew.) 13 km nordwestlich von La Baule besitzt außer einem lebhaften Hafen (berühmt für

> *www.marcopolo.de/frankreichatlantik*

die Sardinen, die die Fischer anlanden) einen schönen Sandstrand. In der *Markthalle (Espace Garlahy)* ist im Juli/August täglich, sonst mittwochs und samstags Fischmarkt. Im Juli/August lohnt auch der abendliche *Kunst- und Handwerksmarkt (Mi 19–21 Uhr | Quai Saint-Pierre)*. Vom Hafen verkehren Fähren zu den bretonischen Inseln Belle-Île, Houat und Hœdic. Auskunft: *Place Charles de Gaulle | Tel. 02 40 23 39 87 | Fax 02 40 23 32 01 | http://otsi.la.turballe. free.fr*

NANTES

 KARTE IN DER HINTEREN UMSCHLAGKLAPPE

[118–119 C–D3] Am Zusammenfluss von Loire, Erdre und Sèvre liegt Nantes (278 000 Ew.), einstmals die Hauptstadt der Bretagne. Im 18. Jh. war dies der wichtigste Hafen Frankreichs. Die Schließung der Werften 1987 stürzte die Stadt in eine Krise; mittlerweile ist ein Strukturwandel vollzogen. Die Airbuswerke hier und in Saint-Nazaire trugen ebenso zum Wachstum bei wie Lebensmittel- und Metallverarbeitung. Heute ist Nantes Verwaltungssitz der Region Pays-de-la-Loire, zweitwichtigster Finanzplatz Frankreichs und eine Universitätsstadt mit großem Kultur- und Einkaufsangebot.

■ SEHENSWERTES ■

CATHÉDRALE SAINT-PIERRE-ET-SAINT-PAUL

Mit 37,5 m ist das Kirchenschiff höher als das von Notre-Dame in Paris. Die Fassade datiert aus dem Spätmittelalter; ungewöhnlich ist die Außenkanzel. Im spätgotischen Inneren ist neben den Weihwasserbecken aus Muscheln des Indischen Ozeans das (seit der Revolution leere) Renaissancegrabmal des letzten bretonischen Herzogs Franz' II. und seiner Frau aus schwarz-weißem Marmor sehenswert. *Place Saint-Pierre*

CHÂTEAU DES DUCS DE BRETAGNE

Das Schloss der Herzöge der Bretagne wurde ab 1466 als Befestigung und Residenz erbaut. Seit der Heirat von Anne de Bretagne mit Karl VIII. wohnten hier die französischen Könige. Nach einem Brand im 17. Jh. wurde es im klassizistischen Stil wiederaufgebaut. Der ❋ Spazierweg über die Burgmauern und -türme bietet einen schönen Blick über Alt- und Neustadt. Die herzöglichen Appartements beherbergen das neue *Stadt-* **Insider Tipp** *museum (Juli/Aug. tgl. 9.30–19, sonst*

>LOW BUDGET

> Wenn Sie in der einstigen Hauptstadt der Bretagne viel besichtigen wollen, lohnt sich der Kauf des *Pass Nantes*, der für 24 (16 Euro), 48 (27 Euro) oder 72 Stunden (32 Euro) freien Eintritt zu mehr als 20 Museen und Attraktionen sowie freie Nutzung öffentlicher Verkehrsmittel erlaubt.

> Eine Alternative zur Dinnerkreuzfahrt oder anderen eher kostspieligen Bootsausflügen im Gebiet der Loiremündung ist die Flusskreuzung per Fähre zum Nulltarif zwischen Le Pellerin und Couëron *(tgl. 6.30–20.30 Uhr)* sowie zwischen Indret und Basse-Indre *(tgl. 5.30–22.30 Uhr)* jeweils alle 15–20 Minuten.

Mi–Mo 10–18 Uhr), das multimedial, audiovisuell und interaktiv die Geschichte von Nantes und der Bretagne aufbereitet. *4, Place Marc Elder*

ÎLE FEYDEAU

Von 1926 bis 1942 wurden der Unterlauf der Erdre und einige Loirearme aufgefüllt, sodass die in Schiffsform angelegte Île Feydeau fortan keine Insel mehr war. Im 18. Jh. machten die breiten Straßen und mit Maskenköpfen geschmückten Reedervillen sie zum modernsten Viertel der Stadt. Heute sind alle Gebäude restauriert.

JARDIN DES PLANTES

7 ha voller Arzneipflanzen, Kamelien, Magnolien. *Eingänge Boulevard Stalingrad und Place Sophie Trébuchet | tgl. 8.30–20, Winter bis 17.30 Uhr*

MUSÉE DES BEAUX ARTS

Eine der schönsten Kunstsammlungen Frankreichs; Meisterwerke von Ingrès, Courbet, Chagall, Picasso und Kandinsky. *10, Rue Georges Clémenceau | Mi–Mo 10–18 (Do bis 20) Uhr*

MUSÉE JULES VERNE

In einer Villa auf der Anhöhe Sainte-Anne sind Briefe des 1828 in Nantes geborenen Schriftstellers und Manuskripte seiner berühmten Abenteuerromane zu sehen. *3, Rue de l'Hermitage | Mi–Sa und Mo 10–12 und 14 bis 18, So 14–18 Uhr*

TRENTEMOULT
Insider Tipp

In Trentemoult am südlichen Loireufer lebten früher Fischer und Kap-Hoorn-Segler. Heute ist das einstige Dorf ein trendiges Wohnviertel mit Yachthafen und guten Restaurants. Ein Bootsshuttle verkehrt alle 20 Minuten ab Gare Maritime.

■ ESSEN & TRINKEN ■

BATEAUX NANTAIS ☘
Insider Tip

Essen mit Flussblick! Die Stadt verschwindet vor den Fenstern, Landsitze und Schlösser tauchen auf – bei der zweistündigen Fahrt auf der Erdre werden außerdem ausgezeichnete Speisen serviert. *Quai de la Motte Rouge | Tel. 02 40 14 51 14 | www.bateaux-nantais.fr | €€€*

LA CIGALE

Denkmalgeschützte Traditionsbrasserie im Art-nouveau-Stil. Auf der Karte stehen Fisch und Meeresfrüchte – die „Zikade" ist aber auch ein wunderbarer Ort fürs Frühstück. *Tgl. | 4, Place Graslin | Tel. 02 51 84 94 94 | www.lacigale.com | €*

LA CIVELLE ♫

Meeresfrüchte, bunte Salate und gewaltige Steaks in der Idylle von Trentemoult. *So geschl. | 21, Quai Marcel Boissard | Tel. 02 40 75 46 60 | www.la-civelle.com | €€*

LIEU-UNIQUE
Insider Tip

Schönes Ambiente in der zum Kulturzentrum umgestalteten ehemaligen Keksfabrik „LU" (Lefèvre-Utile). Am Wochenende gibts Livemusik, und vom ☘ Turm aus haben Sie einen tollen Blick auf Schloss und Stadt. *Mo-Abend und So geschl. | Quai Ferdinand-Favre | Tel. 02 51 72 05 55 | www.lesensdugout.com | €*

CÔTE D'AMOUR

■ EINKAUFEN ■

Haupteinkaufsstraße ist die *Rue Cré-billon*. Sehenswert ist die *Passage Pommeraye (Rue de la Fosse)* aus dem 19. Jh. mit Holzböden und schmiedeeisernen Geländern. In der *Confiserie Georges Gautier (9, Rue de la Fosse)* gibt es *mascaron nan-tais,* Schokolade mit Krokant. Ebenso gut: *Les Rigolettes Nantaises (18, Rue de Verdun).* Probieren Sie auch *nez grillés* aus Karamell, Salzbutter und Schokolade! Der *Markt von Ta-lensac (Di–So | Rue de Talensac, Straßenbahn 2)* führt Gemüse, Fisch, Möbel und Kleider.

Insider Tipp

■ ÜBERNACHTEN ■

HÔTEL AMIRAL

Freundlicher Service, recht kleine Zimmer, zentrale Lage. *49 Zi. | 26, Rue Scribe | Tel. 02 40 69 20 21 | Fax* 02 40 73 98 13 | *www.hotel-nartes.fr* | €

HOTEL DE FRANCE

Das schöne Haus aus dem 18. Jh. liegt nahe der Oper. *74 Zi. | 24, Rue Crébillon | Tel. 02 40 73 57 91 | Fax* 02 40 69 75 75 | *www.oceaniahotels. com* | €–€€

■ FREIZEIT & SPORT ■

Verleih von Elektrobooten für Erdre und Sèvre: *Ruban Vert (Île de Ver-sailles | Tel. 02 51 81 04 24 | www. rubanvert.fr).* Kanu- und Kajaktouren auf der Erdre: *Contre-Courant Bivouak (Île de Versailles | Tel. 06 62 28 60 48).* Nächtliche Kanu-touren auf der Erdre (Ausgangspunkt ist der Campingplatz Petit Port): *Nack (Route de la Jonelière | La Chapelle-sur-Erdre | Tel. 02 40 29 25 7!)*

Place du Commerce: Kaffeepause beim Stadtbummel in Nantes

■ AM ABEND

Empfehlenswert ist die *Oper (1, Rue Molière | Tel. 02 40 69 77 18 | www.angers-nantes-opera.com)* wegen des hohen, weithin gerühmten Niveaus ihrer Aufführungen.

■ AUSKUNFT

Île Feydeau | 3, Cours Olivier de Clisson; 2, Place Saint Pierre | Tel. 08 92 46 40 44 (0,34 Euro/Min.) | www.nantes-tourisme.com

PORNIC

[118 B3] ★ **Die Bewohner dieses schönen Küstenstädtchens (13 000 Ew.) fuhren einst bis nach Neufundland, um Kabeljau zu fangen.** Heute gibt es nur noch 15 Fischerboote, aber Platz für 300 Yachten im Hafen. Schon im 19. Jh. ließen sich Romanciers wie Gustave Flaubert und Maler wie Auguste Renoir von der Atmosphäre verzaubern. Pornic ist das bedeutendste und wahrscheinlich schönste Seebad der Côte de Jade. Auf der einen Seite des Fischerhafens liegt die mittelalterliche Oberstadt (wenig Parkplätze!), auf der anderen Seite steigt ein altes Villenviertel an, das sich entlang der Steilküste erstreckt.

■ SEHENSWERTES

CHÂTEAU DE PORNIC

Der älteste Teil der Burg datiert aus dem 13. Jh.; heute beherbergt das Schloss des „Blaubarts" Gilles de Rais Privatwohnungen mit beneidenswertem Blick auf den Hafen.

SENTIER DES DOUANIERS ✷ *Inside Tip*

Der 14 km lange „Zöllnerweg" führt von der Corniche de Gourmalon zur Plage de la Noëveillard die Steilküste entlang und öffnet schöne Blicke auf die Île de Noirmoutier.

■ ESSEN & TRINKEN

BEAU RIVAGE ✷

Frische Meeresfrüchte direkt am Meer. *Mo/Di geschl. | Plage de la Bi-*

Wenn das Wasser weg ist: Ebbe im Yachthafen von Pornic

rochère | Tel. 02 40 82 03 08 | www.restaurant-beaurivage.com | €€€

CÔTÉ MER ✺

Toller Blick aufs Meer, dazu Türme von Schaltieren und Fisch. *So-Abend, Di-Abend und Mi geschl.* | *Plage de la Source* | *106, Rue de la Source* | *Tel. 02 40 82 04 37* | €€

LE BISTROT ENTRE VINS ET MARÉES ✺

Wenige Meter vom Château überblickt eine schöne Terrasse den alten Hafen; Meeresfrüchte dominieren die Karte. *Mi-Abend und Do geschl.* | *70, Quai Leray/Place du Petit Nic* | *Tel. 02 40 82 51 25* | €

L'AUBERGE LA FONTAINE AUX BRETONS

Saisonale traditionelle Küche im gleichnamigen Hotel. *Mo geschl.* | *Plage de la Fontaine aux Bretons* | *Chemin des Noëlles* | *Tel. 02 51 74 08 08* | €€

■ EINKAUFEN

Markt (Place des Halles et de la Terrasse | Do und So 9–13 Uhr) ist in einer Halle aus dem 17. Jh., im Sommer dort außerdem jeden Donnerstagabend Kunsthandwerksmarkt. Wie bretonisches Steingut von Hand bemalt wird, kann man in der **Faïencerie de Pornic** *(Rue de la Faïencerie | www.faiencerie-pornic.fr)* sehen.

■ ÜBERNACHTEN

ALLIANCE PORNIC RESORT HOTEL & THALASSO

Komfortables Hotel mit Thalassotherapiezentrum direkt am Meer. *120 Zi.* | *Plage de la Source* | *Tel. 02 40 82 21 21* | *Fax 02 40 82 80 89* | *www.thalassopornic.com* | €€€

BEAU SOLEIL

Nette Zimmer in bester Lage unterhalb des Schlosses am Hafen. *17 Zi.* | *70, Quai Leray Tel. 02 40 82 34 58* | *Fax 02 40 82 43 00* | *www.arnede bretagne.com/beausoleil* | €€

CHAMBRES D'HÔTES LES VOLETS BLEU

Entzückendes Gasthaus in einem hübschen Garten 200 m vom Hafen und 500 m vom Strand. *6 Zi.* | *22, Rue de la Source* | *Tel. 02 40 82 65 99* | *www.volets-bleus.net* | €

FERIENWOHNUNGEN

Agence Sainte-Marie | *Tel. 02 40 82 06 05, Centrale de Réservation* | *Tel. 02 40 82 67 67*

■ SPORT & STRÄNDE ■

Bewacht sind die Strände *Plage de la Birochère, Plage d'Étang, Plage de la Noëveillard Plage du Portmain* und *Plage du Porteau.* Das Sportangebot reicht von Rad- und Bootsverleih über Tauchen, Segeln, Surfen, Rudern bis zu Ausritten. Golfer können sich auf eine 18-Loch-Anlage freuen *(Golf de Pornic* | *Avenue Scalby Newby* | *Tel. 02 40 82 06 69 www.formule-golf.com).*

■ AM ABEND ■

Im ▶▶ *Les Passagers du Vent (3, Rue du Canal)* trifft sich schickes junges Publikum. Gute Cocktails werden im *L'Hemingway (Port de Plaisance)* gemixt. Roulette und Black Jack können Sie im *Kasino* am Quai Leray spielen.

■ AUSKUNFT ■

Place de la Gare | *Tel. 02 40 82 04 40* | *Fax 02 40 82 90 12* | *www.ot-pornic.fr*

> SONNE, SALZ UND SEE

Durchschnittlich 2200 Sonnenstunden pro Jahr und die schneeweißen Salzgärten gaben der „Küste des Lichts" ihren Namen

> Das Land am Meer leuchtet. Hell glitzert der Atlantik, das Licht über den Marschen flirrt in der Mittagshitze. Die Landschaft zwischen der Île de Noirmoutier und der Mündung der Gironde ins Meer ist weit, die Strände sind bei Ebbe fast unendlich. Die Luft riecht nach Salz, Möwen schreien. Urlaubstauglich ist dieser Teil der Küste unbedingt.

Gepflegte, lebhafte Städte wie La Rochelle, ursprünglich gebliebene Fischerdörfer, Naturschutzgebiete, aber auch schicke Ferienorte wie die Städtchen und Dörfer auf Ré, dem womöglich exklusivsten Streifen der Atlantikküste, sorgen für jede Menge Abwechslung. Rund 2200 Sonnenstunden im Jahr, 250 Küstenkilometer – davon 140 km Sandstrände – und eine sehr gute Wasserqualität sind weitere Trümpfe. Und an jeder Ecke kann man Austern essen wie anderswo ein belegtes Brötchen. Die Vendée ist nach dem Département

Bild: La Rochelle

CÔTE DE LUMIÈRE

Var an der Côte d'Azur die meistbesuchte Urlaubsregion in Frankreich. Doch obwohl dementsprechend der Tourismus fast überall die wichtigste Erwerbsquelle ist, gehören Landwirtschaft und Salzgewinnung hier noch zum Alltag.

ÎLE D'OLÉRON

[120 B3–4] ⭐ Rustikaler als das schicke Ré, versprüht Oléron (20 000 Ew.) auf

30 km Länge und – an der breitesten Stelle – 15 km Breite ursprünglichen Charme. Austernzucht, bunte Märkte, kleine Häfen, hohe Stockrosen vor den Häusern – hier kann man sich in ländlicher Atmosphäre erholen. Salzmarschen, zwei Wälder, im Norden Weinbau, an der Nordspitze Klippen und nicht zuletzt 100 km Radwege bieten für alle Bedürfnisse etwas. Die Westküste eignet sich für Surfer, die geschützte Ostküste für Kinder und

ÎLE D'OLÉRON

Wassersportanfänger. Die 1966 erbaute, 3 km lange Brücke zum Festland ist mautfrei. Die Austernzucht ist nach dem Tourismus die wichtigste Einnahmequelle.

LE CHÂTEAU-D'OLÉRON
Gleich der erste Ort auf der Insel ist so schön, dass man nicht weiterfahren will. Auf der *Place de la République* findet sonntags *(9–13 Uhr)*

Port des Salins auf Oléron: Wie kommt das Salz aus dem Meer?

■ ORTE AUF OLÉRON ■

BOYARDVILLE
Das hübsche Dorf an der Ostküste besitzt Fischer- und Yachthafen, nette Geschäfte und Restaurants sowie einen riesigen Sandstrand. Im 19. Jh. ließ Napoleon nach Plänen von Vauban das vorgelagerte *Fort Boyard* auf Felsen und Sand erbauen, um die Mündung der Charente verteidigen zu können. Wie ein kreisrunder Kessel liegt es im Wasser (Besichtigung nur von außen, Bootstouren ab Boyardville). Nördlich des Orts erstreckt sich der Wald *Forêt des Saumonards.*

der größte *Markt* der Insel statt (Lebensmittel, Kleider und Kunsthandwerk). Die ☀ *Zitadelle* bietet einen schönen Blick aufs Festland. Am Fischerhafen darunter sind in 18 bunten Holzhäuschen *Künstlerateliers* entstanden. Bis eine EU-Vorschrift ihren Umzug in Steinhäuser verfügte, wurden die Kabinen für die Austernzucht genutzt. Nun kann man hier Malern und Töpfern bei der Arbeit zusehen und ihre Werke natürlich auch kaufen.

Das *Jardins Aliénor (4 Zi. | 11, Rue de Maréchal Foch | Tel.*

> *www.marcopolo.de/frankreichatlantik*

05 46 76 48 30 | Fax 05 46 76 58 47 | www.lesjardinsdalienor.com | €€€) ist ein liebevoll ausgestattetes, komfortables Hotel mit sehr gutem Restaurant. Auskunft: *Place de la République | Tel. 05 46 47 60 51 | Fax 05 46 47 73 65 | www.ot-chateau-oleron.fr*

LA COTINIÈRE

250 Fischer gehen hier ihrer Arbeit nach, und so ist La Cotinière weniger ein malerischer als ein betriebsamer Fischerhafen. Fisch und Meeresfrüchte für den Hausgebrauch kauft man im *Marché de Victorine* gleich am Hafen. Köstliche Meeresfrüchte zum Blick auf den Hafen bekommt man im Restaurant ☆ *L'Écailler (tgl. | 65, Rue du Port | Tel. 05 46 47 10 31 | €€)*. In der Bar ▶▶ *La Marine* kann man nicht nur essen, sie ist bis in die Nacht auch Treffpunkt der Partyszene.

LE GRAND-VILLAGE-PLAGE

Den Namen verdankt der Ort seinen 15 km Strand – ein Traum für Sonnenanbeter und Wassersportler. Im Ortsteil Le Petit Village in den Salinen gibt es einen Salzhafen, das *Écomusée du Port-des-Salines (Sommer tgl 9.20–11.45 und 14.30–18 Uhr)*, das in die Geheimnisse von Salzgewinnung und Austernzucht einweiht, und einen Markt, auf dem man Austern verkosten kann. Berühmt für diese Meeresfrucht ist das Restaurant *Le Relais des Salines (tgl. | Port des Salines | Tel. 05 46 75 82 42 | €€)* in einer kleinen Austernzüchterhütte. Auskunft: *Boulevard de la Plage | Tel. 05 46 47 58 00 | Fax 05 46 47 42 17 | grdvillageplage@wanadoo.fr*

SAINT-DÉNIS-D'OLÉRON

Der nördlichste Ort der Insel (1200 Ew.) besitzt außer einem großen Segelhafen eine *Kirche* mit romanischem Portal und einem Turm aus dem 14. Jh. Außerdem sehenswert ist der 46 m hohe ☆ *Leuchtturm (Juli/Aug tgl. 10–20 Uhr, sonst anmelden unter Tel. 05 46 75 18 62)* an Oleons Nordspitze, der Pointe de Chassiron. Auskunft: *Boulevard d'Antioche | Tel. 05 46 47 95 53 | Fax 05 46 75 91 35 | office-tourisme-saint-denis-oleron@wanadoo.fr*

MARCO POLO HIGHLIGHTS

★ Île de Ré
Die glamouröse unter den Atlantikinseln (Seite 46)

★ Marais Poitevin
Herrliche Bootstour durch das grüne Labyrinth der Wasserwege (Seite 56)

★ Altstadt
Einkaufen auf dem Markt in La Rochelle, am Hafen von Café zu Café bummeln (Seite 50)

★ Île de Noirmoutier
Salz direkt vom Feld kaufen, durch duftende Pinienwälder radeln, abends durch den Hauptort schlendern – und natürlich am Strand in der Sonne liegen (Seite 54)

★ Île d'Oléron
Erholung beim Radeln, beim Wandern oder bei einem Teller mit fangfrischen Meeresfrüchten am Hafen in La Cotinière (Seite 43)

SAINT-GEORGES-D'OLÉRON

Der größte Ort (3350 Ew.) der Insel liegt im Norden nahe einem 15 km langen Strandabschnitt mit vielen Campingplätzen. Südlich schließt sich der Wald *Forêt domaniale de Domino* an. Der Ort gruppiert sich um die romanische *Kirche* (11./12. Jh.) mit reich verzierter Fassade; täglicher Treffpunkt ist im Sommer die *Markthalle* aus dem 19. Jh.

Angenehm ist das 800 m vom Strand Les Sables Vignier gelegene 🔊 *Hotel L'Hermitage (34 Zi. | 198, Route de l'Hermitage | Tel. 05 46 76 52 56 | Fax 05 46 76 67 76 | www.lhermitage-oleron.com | €€)* mit beheiztem Außenpool, Restaurant und freundlichem Service. Ein Campingplatz mit 33 Stellplätzen, Restaurant und Pool, ebenfalls beim Strand Les Sables Vigniers: *La Caravane Oléronaise | Tel. 05 46 76 52 31 | Fax 05 46 76 80 21 | www.sablesvigniersplage.com.* Auskunft: *28, Rue des Dames | Tel. 05 46 76 63 75 | Fax 05 46 76 86 49 | www.saint-georges-oleron.com*

SAINT-PIERRE-D'OLÉRON

Die Inselhauptstadt (6000 Ew.) wird von Supermärkten gesäumt, besitzt aber einen hübschen Stadtkern mit vielen Geschäften und viele Unterhaltungsmöglichkeiten. Am letzten Dienstag im Monat ist Markt auf der riesigen *Place Gambetta,* die sonst als kostenfreier Parkplatz dient. Im Sommer gibt es dort abends Konzerte von Blues bis Salsa und einen Nachtmarkt für lokale Produkte. Ebenfalls an der Place Gambetta befindet sich das interaktive *Musée de l'Île d'Oléron (Juni–Sept. tgl. 9.30 bis 13 und 14–19, April/Mai und Okt. Di–So 10–12 und 14–18, Nov.–März 14–17.30 Uhr),* das über die Inselgeschichte informiert.

Zu den Sehenswürdigkeiten gehören die *Kirche* aus dem 17. Jh., deren 43 m hoher, heller Turm der Schifffahrt als Signal dient, und die *Lanterne des Morts,* die „Totenlaterne", ein 23,5 m hoher Turm aus dem 12. Jh. Zudem gibt es einen *botanischen Garten (La Boirie | April–Okt. tgl. 10–12 und 15–19 Uhr | www.lesjardinsdelaboirie.com)* mit Pflanzen aus der ganzen Welt. Und wenn Sie Kinder dabeihaben, können Sie diese im *Parc des Oiseaux (tgl. 9.30–20 Uhr)* auf halber Strecke nach La Cotinière 240 Vogelarten identifizieren lassen. Der *Golfplatz (Vieille Perrotine | Tel. 05 46 47 11 59)* liegt nördlich der Stadt.

Aus dem Café *Le Bus Stop (Rue d'Aliénor d'Aquitaine)* quillt das junge Publikum abends bis auf die Straße. Auskunft: *Place Gambetta | Tel. 05 46 47 11 39 | Fax 05 46 47 10 41 | www.saint-pierre-oleron-tourisme.fr*

ÎLE DE RÉ

[120 A–B2] ⭐ 16,50 Euro Gebühr für die Benutzung der knapp 3 km langen Brücke zur Insel Ré (17 000 Ew.) während der Hauptsaison wirken nicht besonders einladend – und sollen es auch nicht. Seit die Brücke 1988 fertiggestellt wurde, sind die Insulaner hin- und hergerissen zwischen dem Luxus, jederzeit ins knapp 20 Autominuten entfernte La Rochelle fahren zu können – und der Angst, ihre Insel könnte überrannt werden von allzu vielen Tagesgästen. Bis 2012 soll die Maut abge-

CÔTE DE LUMIÈRE

PLACE MIRON

Stockrosen an weißem Mauerwerk: typisches Bild auf den Inseln

schafft werden und nur eine Ökosteuer von rund 3 Euro bleiben – heiß diskutiertes Thema auf der Insel, die mit 110 km Radwegen (oft idyllisch und fernab vom Autoverkehr, Fahrradverleih in jedem Ort), langen Sandstränden und recht teuren Ferienorten aufwartet. Sie bietet somit alles für einen aktiven, wenn auch nicht unbedingt preiswerten Strandurlaub.

An der geschützten Nordseite liegen die Dörfer mit ihren Häfen, an der Atlantikseite rund 15 km Strand. Die wohl schönsten sind die *Plage de la Conche* und die *Plage du Marchais* an der Nordwestspitze. Wellenreiten gehört zu den favorisierten Freizeitbeschäftigungen auf Ré. Egal, ob Sie lieber zuschauen, wie andere ins Wasser fallen, oder sich selbst aufs Brett wagen: Die Gelegenheit ist hier ausgesprochen günstig. Die Hotspots der Surferszene sind der Strand von ▶▶ *Lizay* bei Les-Portes-en-Ré, *La Pergola* in La-Couarde-sur-Mer, der Südstrand in *Rivedoux-Plage*, *Les Grenettes* und *Pas*

des Biettes in Sainte Marie und ▶▶ *Gros Jonc* in Le-Bois-Plage.

Doch Ré hat auch eine ursprüngliche Seite. Ebenso wie in Guérande und auf Noirmoutier und Oléron wird auf Ré Salz gewonnen. Die Natur auf Ré ist noch intakt. Im Vogelschutzgebiet bei Ars sind über 300 Arten gezählt worden.

■ ORTE AUF RÉ ■

ARS-EN-RÉ

Schon von weitem sieht man den markanten, weiß-schwarzen Turm der Kirche des Städtchens (1300 Ew.) wie eine Seemarkierung aus den Salzmarschen ragen. Tatsächlich dient er der Orientierung von Schiffen. Gepflegte Gassen führen zu netten Geschäften und Restaurants.

Am Hafen – dem wichtigsten Segelhafen der Insel – lohnt ein Besuch im ▶▶ *Café du Commerce* (tgl. | 6, Quai Prée | Tel. 05 46 29 41 57 | €), das mit Mitbringseln aus der ganzen Welt dekoriert ist: von Masken über Golfschläger bis zu Stichen alter Schiffe. Ein Hotel mit Thalassozen-

Insider Tipp

trum ist das *Thalacap (89 Zi. | Avenue d'Antioche | Tel. 05 46 29 10 00 | Fax 05 46 29 10 01 | www.thalacap. com | €€€).* Auskunft: *26, Place Carnot | Tel. 05 46 29 46 09 | Fax 05 46 29 68 30 | www.iledere-arsen re.com*

LE-BOIS-PLAGE-EN-RÉ

Die fast 15 km Strand im Inselsüden sind ein wahres Ferienparadies. Im Westen liegt das hübsche Dorf *La Couarde-sur-Mer,* dann folgt *Bois,* im Südosten schließt sich Sainte-Marie-de-Ré an. Le Bois-Plage, der größte Ort an der Südküste, ist von Wald und Weinstöcken umgeben. Die Trauben von Ré werden zu Wein, Cognac und Pineau verarbeitet. Weil der Strand langsam abfällt, ist er für Kinder besonders geeignet. Baden kann man bei Ebbe und Flut. Es gibt mehrere Verleiher von Katamaranen, Surfbrettern und Kajaks sowie Segelunterricht, z. B. bei der *École de Voile du Bois (Tel. 05 46 09 94 73 | www. lacabaneverte.com)* an der Plage de Gros Jonc, Surfen und Wellenreiten bei *Ré Surf (Plage de Gros Jonc | Tel. 06 30 08 12 81 | www.re-surf.com).*

Hinter den Dünen der *Plage des Gollandières* finden Sie die gleichnamige Hotelanlage mit Pool und Restaurant *(32 Zi. | Avenue Les Gollandières | Tel. 05 46 09 23 99 | Fax 05 46 09 09 84 | www.lesgollandie res.com | €€€).* Etwas außerhalb, aber in Strandnähe liegt die Hotel- und Appartementanlage *Jerodel (12 Zi. | 35, Rue de la Glacière | Tel. 05 46 09 96 42 | Fax 05 46 09 99 69 | www.jerodel.com | €€€)* mit beheiztem Schwimmbecken. Schlicht, aber stilvoll ist das Hotel *L'Océan (30 Zi.*

| 172, Rue Saint-Martin | Tel. 05 46 09 23 07 | Fax 05 46 09 05 40 | www.re-hotel-ocean.com | €€) eingerichtet, das einen Swimmingpool, ein Spa, einen schönen Garten und ein Restaurant besitzt. Auskunft: *Rue des Barjottes | Tel. 05 46 09 23 26 | Fax 05 46 09 13 15 | www.leboisplage enre-tourisme.com*

LA FLOTTE

Ein Urlaubsidyll aus schicken Geschäften und Restaurants rund um den hübschen Hafen. An der Rue Général-de-Gaulle drängen sich Boutiquen und Konfiserien. Im Sommer ist auf der Place de Marché jeden Vormittag Markt. Das Restaurant ❊ *L'Écailler (tgl. | 3, Quai de Sénac | Tel. 05 46 09 56 40 | €€€)* bietet außer Fischspezialitäten einen schönen Blick auf den Hafen. Das elegan-

te *Hotel Richelieu (44 Zi. | 44, Avenue de la Plage | Tel. 05 46 09 60 70 | Fax 05 46 09 50 59 | www.hotel-le-richelieu.com | €€€)* liegt am Strand und besitzt ein Thalassotherapiezentrum. Etwas irdischer geht es im am Hafen gelegenen *Le Français (33 Zi. | 1, Cours Félix Faure | Tel. 05 46 09 60 06 | Fax 05 46 09 58 77 | www.hotellefrancais.com | €)* mit Restaurant zu. Auskunft: *Quai de Sénac | Tel. 05 46 09 60 38 | Fax 05 46 09 64 88 | www.ot-laflotte.fr*

SAINT-MARTIN-DE-RÉ

Das glamouröse Hauptstädtchen (2600 Ew.) der Insel kommt mit seinem Yachthafen, den schicken Bars und Restaurants und den gediegenen Hotels wie eine atlantische Schwester von Saint-Tropez daher. Vor allem am Abend ist dies der lebendigste Ort der Insel. Ihn umgibt eine Stadtmauer; Autos müssen davor geparkt werden (kostenlos). Einen schönen Blick auf den Ort haben Sie vom ☀ *Glockenturm* der Kirche. Suchen Sie sich einen Cafésessel, und beobachten Sie das Geschehen auf den Straßen und im Hafen, der bei Niedrigwasser vollständig trockenfällt!

Beim Schlendern durch den malerischen Hafen lohnt der Besuch der Eisdiele *La Martinière:* Probieren Sie Karamell oder *fleur de sel!* Fisch und Meeresfrüchte werden im *Le Belem (tgl. | 29, Quai de la Poitevinière | Tel. 05 46 09 36 56 | €€)* aufgefahren, regionale Küche im *Le Bistrot du Marin (Mi geschl. | 10, Quai Nicolas Baudin | Tel. 05 46 68 74 66 | €€)* auf der Insel im Hafen. Am alten Hafen residiert hinter einer Fassade aus dem 17. Jh. das gediegen-elegante

Insider Tipp

Schick, aber nicht schickimicki: der Yachthafen in Saint-Martin-de-Ré

Hôtel de Toiras (17 Zi. | 1, Quai Job Foran | Tel. 05 46 35 40 32 | Fax 05 46 35 64 59 | www.hotel-de-toiras.com | €€€) mit hübschem Garten. Mitten auf der Hafeninsel finden Sie das Hotel *Les Colonnes (30 Zi. | 19, Quai Job Foran | Tel. 05 46 09 21 58 | Fax 05 46 09 21 49 | www.hotellescolonnes.com | €€)* mit netten Zimmern, die zum Teil sehr schöne Aussicht aufs Meer bieten. Ferienwohnungen mit Clubatmosphäre vermietet die Organisation *Pierre et Vacances (Rue des Gouverneurs | Tel. aus Deutschland 01805/34 44 44 | www.pierreetvacances.com).* Auskunft: *Quai Nicolas Baudin | Tel. 05 46 09 20 06 | Fax 05 46 09 06 18 | www.saint-martin-de-re.fr*

LA ROCHELLE

KARTE IN DER HINTEREN UMSCHLAGKLAPPE

[120 B2–3] La Rochelle (80 000 Ew.) ist eine kleine Großstadt, die mit einem Internationalen Filmfestival, dem Musikfestival Francofolies im Juli und der jüngsten Universität Frankreichs aufwarten kann. Der Yachthafen Les Minimes ist der größte an Europas Atlantikküste und verleiht La Rochelle südliches Flair. Die malerische ⭐ Altstadt, die sich hinter dem Alten Hafen und einer Fassadenfront voller Cafés versteckt, birgt Geschäfte, Restaurants und sorgt für eine Atmosphäre entspannter Geschäftigkeit. Fast 3 km Arkaden ermöglichen Shopping auch bei Regen. Ansonsten lohnt es sich, den Blick himmelwärts zu richten: Zahlreiche Fassaden sind mit Wasserspeiern und steinernen Köpfen geschmückt.

Wie Nantes und Bordeaux profitierte die Stadt vom Dreieckshandel zwischen Europa, Westafrika und der Karibik. Auch Weinbau und Salzgärten trugen zum Wohlstand bei – und natürlich der Hafen. Das änderte sich erst mit der Belagerung während der Religionskriege im 17. Jh., als La

Allein an Haien tummeln sich 20 verschiedene Arten im Aquarium von La Rochelle

CÔTE DE LUMIÈRE

Rochelle als Hauptstadt der Protestanten galt. Nach 13 Monaten waren von 28 000 Einwohnern nur noch 5400 am Leben, die Stadt wurde aller Privilegien und Freiheiten beraubt und brauchte 300 Jahre, um zur einstigen Blüte zurückzufinden.

La Rochelle lässt sich gut per Fahrrad erkunden – nicht nur wegen der vielen Radwege, sondern auch wegen der gelben Räder, die man an der Place de Verdun sowie am Office de Tourisme am Alten Hafen gegen ein Pfand (und ab der dritten Stunde für 1 Euro pro Stunde) ausleihen kann. Der Untergrund ist nicht immer ideal, erzählt aber viele Geschichten: Die groben Pflastersteine im Schiffseignerviertel um die Rue Nicolas Venette stammen aus dem St.-Lorenz-Strom in Kanada – ein Erbe aus den Tagen des Handels mit Québec, das 1608 von einem Sohn der Stadt gegründet wurde.

■ SEHENSWERTES

AQUARIUM

10 000 Arten, 20 Haiarten, die über den Köpfen der Besuchern schwimmen und ein Piranhabecken im Amazonastreibhaus: Diese Unterwasserwelten faszinieren! *Bassin des Grands Yachts | April bis Sept. tgl. 9–20 (Juli/Aug. 9–23), Okt–März 10–20 Uhr | www.aquarium-larochelle.com*

ÉGLISE SAINT-SAUVEUR

An dieser Kirche beim Hafen lässt sich das Hin und Her der Religionskriege ablesen. Der Turm stammt aus dem 15. Jh., das Kirchenschiff wurde im 17. Jh. wiederaufgebaut, nachdem im 16. Jh. die Katholiken vertrieben und alle katholischen Kirchen La Ro-

chelles abgerissen worden waren. Die Steine nutzte man, um die Stadt zu befestigen. Nur die Kirchtürme blieben – als Wachtürme und Plattformen für Kanonen. Nach der Gegenreformation wurde wieder alles anders, heute gibt es hier nur wenige protestantische Kirchen.

HÔTEL DE VILLE

Das Rathaus ist seit 700 Jahren Amtssitz des ersten Bürgers der Stadt. Mit Türmen und Zinnen bewehrt, sieht es aus wie eine kleine Ritterburg und blickt über die Place de l'Hôtel de Ville auf die Cafés La Poste und La Renaissance. Der Innenhof kann besichtigt werden, im Juli/August gibt es Führungen *(tgl. 15 und 16 Uhr)*.

MUSÉE DES BEAUX ARTS

Europäische Gemälde vom 15. bis 20. Jh. in einem neoklassizistischen Palast. *28, Rue Gargoulleau | April bis Sept. Mi–Mo 14–18 (So ab 14.30), Okt.–März 13.30–17 Uhr*

MUSÉE MARITIME

Auf dem meteorologischen Schiff „France I" und einem Fischerdampfer kann man den Alltag von Meteorologen und Fischern auf See nachvollziehen. Auf der France I befindet sich eine nette Bar, die auch abends geöffnet ist. *Bassin des Chalutiers | April–Sept. tgl. 10–18.30 (Juli/Aug. 10–19) Uhr | www.museemaritimela rochelle.fr*

MUSEE DU NOUVEAU MONDE

Die Neue Welt bedeutet in La Rochelle vor allem Kanada. Die Ausstellung in einem prächtigen Patrizierhaus dokumentiert die Verbindungen Frankreichs nach Amerika anhand von Kolonialmöbeln, Gemälden, Dokumenten etc. *10, Rue Fleuriau | April–Sept. Mo und Mi–Sa 10 bis 12.30 und 14–18, So 14.30–18, Okt.–März Mo und Mi–Fr 9.30 bis 12.30 und 13.30–17, Sa/So 13.30–17 Uhr*

STADTTÜRME ✵
Die *Tour de la Chaîne* („Kettenturm", 14. Jh.) und *Tour Saint-Nicolas* bewachten den Hafen und zeugen von Wohlstand und Angriffsfläche der Stadt. Die 70 m hohe *Tour de la Lanterne* war früher Leuchtturm und zeitweise auch Gefängnis, wie viele Graffiti belegen. *April–Sept. tgl. 10 bis 18.30, Okt.–März 10–13 und 14.15–17.30 Uhr*

ESSEN & TRINKEN

ANDRÉ ▶▶
Fisch und Meeresfrüchte am Fuß der beiden Türme des Alten Hafens. *Tgl. | 5, Rue Saint-Jean du Pérot | Tel. 05 46 41 28 24 | €€*

CAFÉ DE LA PAIX
Schönes Jugendstilcafé mit abwechslungsreicher Karte von Salaten bis zu Muscheln und Fisch. Der Schriftsteller Georges Simenon war hier Stammgast. *Tgl. | 54, Rue Chaudrier | Tel. 05 46 41 39 79 | €*

RICHARD & CHRISTOPHER COUTANCEAU ✵
Die Kochkunst von Richard Coutanceau wurde mit zwei Michelinsternen geadelt. Zum ausgezeichneten Essen passt der wahrhaft himmlische Blick aufs Meer. *So geschl. | Plage de la Concurrence | Tel. 05 46 41 48 19 | €€€*

EINKAUFEN
Rue des Merciers, Rue du Palais und *Rue Chaudrier* sind gute Adressen für Kleidung, Accessoires und kulinarische Mitbringsel; für Letztere lohnt auch ein Besuch der *Markthalle (tgl. | Place du Marché).*

ÜBERNACHTEN

BEST WESTERN CHAMPLAIN FRANCE ANGLETERRE 🔊
Gleich hinter der Place de Verdun, mit großem Garten zum Frühstücken und Entspannen. *36 Zi. | 30, Rue Rambaud | Tel. 05 46 41 23 99 | Fax 05 46 41 15 19 | www.hotelchamplain.com | €€*

RÉSIDENCE DE FRANCE 🔊
Das erste Haus am Platz, ebenfalls nahe der Place de Verdun, bietet allen denkbaren Komfort. *16 Zi. | 43, Rue du Minage | Tel. 05 46 28 06 00 | Fax 05 46 28 06 03 | www.hotel-larochelle.com | €€€*

COMFORT HOTEL SAINT NICOLAS 🔊
Angenehmes Hotel an einem kleinen Platz in der Nähe des Fischerhafens. *79 Zi. | 13, Rue Sardinerie | Tel. 05 46 41 71 55 | Fax 05 46 41 70 46 | www.hotel-saint-nicolas.com | €€*

FREIZEIT & SPORT
Segeln *(École de Voile Rochelaise | Avenue de la Capitainerie | Tel. 05 46 44 49 20 | www.voile-rochelaise.com)* und Bootsverleih *(Aunis Motonautic | Les Minimes | Tel. 05 46 44 23 66 | www.aunismotonautic.fr)* zählen zum maritimen Angebot.

CÔTE DE LUMIÈRE

AM ABEND

Die schönste Abendunterhaltung ist es, sich rund um den Hafen von Café zu Café treiben zu lassen. Für den späteren Abend gibt es die Clubs *L'Oxford (Plage de la Concurrence)* und *Le Triolet (8, Rue des Carmes)*.

risken gesäumte ☀ Promenade mit Blick auf die Inseln Aix und Oléron. Natürlich gibt es auch ein Kasino mit angeschlossenem Nachtclub. Auskunft: *5, Avenue de Strasbourg | Tel. 05 46 56 26 97 | Fax 05 46 56 58 50 | www.chatelaillon-plage.fr*

Markante Türme bewachen die Hafeneinfahrt von La Rochelles Vieux Port

AUSKUNFT

Place de la Petite Sirène | Tel. 05 46 41 14 68 | Fax 05 46 41 99 85 | www.larochelle-tourisme.com

ZIELE IN DER UMGEBUNG

CHÂTELAILLON-PLAGE   [120 B–C3]

12 km südlich liegt dieser Badeort (5500 Ew.) an einem 3 km langen, feinen Sandstrand, an dem sich bei Flut die Wind- und Kitesurfer treffen. Seine Trümpfe sind die Villen im Belle-Époque-Stil und die von Tama-

ÎLE D'AIX   [120 B3]

20 km südlich von La Rochelle liegt der Fährhafen Fouras. Von hier aus sind es nur noch 30 Bootsminuten bis zur autofreien Île d'Aix (200 Ew.). Dort erwartet Sie außer einem von den Mauern der Festung Fort de la Rade umgebenen Dorf eine ländliche Idylle: die perfekte Kulisse für einen ruhigen Tag am Meer oder einen ausgedehnten Inselstreifzug per (Leih-) Rad *(Cyclaix | Tel. 05 46 84 58 23 | http://cyclaix.ifrance.com)*. Das *Mu-*

LA ROCHELLE

Dank der 1971 gebauten Brücke ist Noirmoutier ohne Blick in den Tidenkalender zu erreichen

sée Napoléonien (Mi–Mo 10–12 und 14–18 Uhr) erinnert an Bonapartes letzte drei Tage auf französischem Boden im Juli 1815, die er auf Aix verbrachte, bevor er ins Exil auf St. Helena aufbrach. Auskunft: *6, Rue Gourgaud | Tel. 05 46 83 01 82 | Fax 05 46 83 31 32 | www.iledaix.fr*

ÎLE DE NOIRMOUTIER ★ [118 A–B4]

Salzgärten, Austernbänke, Fischerhäfen, Segelboote und weiße Häuser hinter blühenden Malven prägen das Bild der gut 20 km langen Insel (10 000 Ew.). Außer über die 1971 errichtete, mautfreie Brücke (rund 160 km von La Rochelle bzw. 70 km von Nantes) oder per Fähre von Pornic (nur im Juli/August) ist Noirmoutier über eine 4 km lange Straße zu erreichen, die bei Ebbe über den Meeresgrund führt und bei Flut nur an den Spitzen der Verkehrsschilder

zu erkennen ist, die aus dem Wasser ragen. Urlauber benutzen diese *Passage du Gois* kaum, auf der bei auflaufender Flut schon einige Autos verlorengingen.

Noirmoutier liegt teilweise unter dem Meeresspiegel und ist ein ideales Terrain zum Radfahren (Verleih in jedem Ort). Die langen Sandstrände öffnen sich hinter dichten Pinienwäldern. Die *Plage de Luzéronde* an der Westküste ist ein FKK-Strand. Segelschulen und Wassersportzentren säumen die ganze Insel.

Der Hauptort *Noirmoutier-en-l'Île* ist mit Geschäften, Restaurants, der romanisch-gotischen Kirche *Saint-Philbert* und dem gut erhaltenen *Schloss* (12. Jh.) reizvoller Mittelpunkt des Insellebens. Im Schloss erklärt das *Musée du Château (Place d'Armes | Mitte Juni–Mitte Sept. tgl. 10–19 Feb.–Mitte Juni und Mitte*

Sept.–Okt. Mi–Mo 10–12.30 und 14.30–18 Uhr) die Inselgeschichte. Alles über Fischerei und Salzgewinnung ist im *Musée des Traditions de l'Île (Place de l'Église | Juli/Aug. tgl. 10–19, April–Juni und Sept.–Mitte Okt. 14.30–17.30 Uhr)* zu erfahren, alles über Schiffbau im *Musée de la Construction Navale (Rue de l'Écluse | April–Mitte Juni und Sept./Okt. Di bis So 10–12.30 und 14.30–18, Mitte Juni–Aug. tgl. 10–12.30 und 14.30 bis 19 Uhr).*

Liebevoll und sehr persönlich ist das elegante, kleine Hotel ==Blanc Marine== *(5 Zi. | 1, Rue de l'Acquenette | Tel. 02 51 39 99 11 | www.blanc-marine.net | €€€)* von Véronique und Jean Dalric eingerichtet. Es besitzt einen Pool und einen schönen Garten. Morgens wird ein für französische Verhältnisse sehr opulentes Frühstück aufgefahren, das im Preis inbegriffen ist. Originelle Interpretationen inseltypischer Kochkunst stehen im kleinen *Le Vélo Noir (So-Abend und Mo geschl. | 13, Rue du Vieil Hôpital | Tel. 02 51 35 85 29 | €€)* auf der Karte. Im ▶▶ *Café Noir (4, Quai Cassard | Tel. 02 51 39 00 75)* trifft sich hippes Publikum. Noirmoutier-en-l'Île liegt 2 km vom Meer entfernt. Südlich davon erstreckt sich ein Naturschutzgebiet mit Salzmarschen und Vogelbrutstätten.

Politiker und Prominenz haben ihre Villen an der schicken *Plage des Dames*, die sich hinter dem Wald *Bois de la Chaize* über mehrere Buchten erstreckt. Im Norden liegt auch der schöne Fischer- und Ferienort *L'Herbaudière*. Kreative Fischgerichte zaubert dort der mit einem Michelinstern ausgezeichnete Chef Alexandre Couillon im ==La Marine== *(Mi geschl. | 5, Rue Marie Lemonnier | Tel. 02 51 39 25 09 | €€)*. Wunderhübsch sind auch die Dörfer *La Bosse, L'Épine* und *Barbâtre* mit ihren Gassen, die flache, weiße Häuser mit blühenden Malven davor säumen. Auskunft: *Route du Pont | Tel. 02 51 39 80 71 | Fax 02 51 39 53 16 | www.ile-noirmoutier.com*

ÎLE D'YEU [118 A5]

Sandstrände im Osten, die wilde Côte Sauvage im Südwesten sowie Pinien- und Eichenwald vereint die 20 km vor der Küste gelegene Île d'Yeu (5000 Ew.) auf 23 km² Fläche. Zu erreichen ist sie per Fähre *(www.compagnie-yeu-continent.fr, www.compagnievendeenne.com)* von Fromentine, Saint-Gilles-Croix-de-Vie, Les Sables-d'Olonne und Noirmoutier.

Hauptort ist das hübsche *Port-Joinville* an der geschützten Ostküste: beim Nachbarort *Ker-Chalon* erstreckt sich der Hauptstrand. Ein weiterer schöner Strand ist die *Plage des Sabias*. Yeu lässt sich am besten per Rad erkunden (ein Dutzend Verleihe stehen bereit), zumal viele der geschützten Badebuchten nur zu Fuß oder per Rad zu erreichen sind. Sehenswert sind die Überreste des *Vieux-Château* an der Côte Sauvage und der Naturhafen *Port-de-la-Meule*.

Schön am Hafen von Port-Joinville liegt das Hotel 🛜 *Grand Large (22 Zi. | Rue du Courseau | Tel. 02 51 58 36 77 | Fax 02 51 58 70 03 | www.hotel-legrandlarge.com | €)*. Zwei reizende *chambres d'hôtes* 50 m vom Strand vermietet *Madame Groisard (11, Rue Pierre Henry |*

LA ROCHELLE

Port-Joinville | Tel. 02 51 58 55 24 |
€). Auskunft: 1, Rue du Marché | Tel.
02 51 58 32 58 | Fax 02 51 58 40 48 |
www.ile-yeu.fr

MARAIS POITEVIN ⭐ 〰️ [120 B–C1–2]

30 km nordöstlich von La Rochelle
erstreckt sich diese weite Sumpfland-
schaft, durch die sich Tausende von
Kanälen ziehen. Seit jeher bewegen
sich die Menschen hier mit flachen,
schwarzen Booten vorwärts – ob sie
zur Kirche wollen oder zum Bäcker.
Touristen können es ihnen heute
gleichtun – mit einem Führer, denn
das Netz aus Wasserwegen ist für
Uneingeweihte ein riesiger Irrgarten.
Aber ein schöner! Pappeln, Weiden,
Eschen und hohes Schilf säumen die
Ufer, Reiher bewachen sie. Gelegent-
lich sieht man sogar Biber. Aus-
gangspunkte sind u. a. Arçais, Cou-
lon, Damvix und Maillezais. www.
marais-poitevin.com

NOTRE-DAME-DE-MONTS [118 B4]

Der Küstenort (1500 Ew.) bietet bes-
te Bedingungen für Wassersport und
Kajaktouren in die Kanäle der Mar-
schen (Pôle Nautique | 20, Boulevard
des Dunes | Tel. 02 51 58 05 66). In-
teressant sind Le Jardin du Vent (s.
Kapitel „Mit Kindern reisen") und
das Freiluftmuseum La Maison de la
Dune et de la Fôret (50, Avenue Abbé
Thibaud | Juli/Aug. Mo–Fr 10–12.30
und 15–18.30, April–Juni und Sept.
Mi 14.30–17 Uhr) über die landwirt-
schaftliche Tradition der Vendée. Einen tollen Blick über die Marschlandschaft ringsum und Noirmoutier
hat man von der 70 m hohen 〰️
Salle Panoramique (Juli/Aug. Mo bis
Sa 10–19, So 15–19 Uhr) des 2008

Insider Tipp

renovierten Wasserturms. Auskunft:
6, Rue de la Barre | Tel. 02 51 58 84 97
| Fax 02 51 58 15 56 | www.notre-
dame-de-monts.fr

ROCHEFORT [120 C3]

Wichtigste Sehenswürdigkeit von
Rochefort (26 000 Ew., gut 30 km
südlich) ist die Corderie Royale, die
königliche Seilmacherei, ein 375 m
langer, barocker Bau, restauriert und
durch eine Gartenanlage am Flussufer verschönert. Darin ist u. a. das
Centre International de la Mer (April
bis Sept. tgl. 9–19, Okt.–März 10 bis
12.30 und 14–18 Uhr) untergebracht,
eine Ausstellung über die einstige
königliche Seilfabrik; am Ufer entsteht seit 1997 eine Nachbildung des
historischen Dreimasters Hermione.
2011 soll das Werk vollendet sein.
Werft und Schiff sind zu besichtigen
(Juli/Aug. tgl. 9–20, April–Juni und
Sept. 9–19, Okt.–März 10–12.30 und
14–18 Uhr | www.hermione.com).
Auskunft: Avenue Sadi-Carnot | Tel.
05 46 99 08 60 | Fax 05 46 99 52 64 |
www.ville-rochefort.fr, www.paysro
chefortais-tourisme.com

LES SABLES-D'OLONNE [118 C6]

80 km nordwestlich von La Rochelle
liegt der lebhafte Badeort (16 000
Ew.) mit der 3 km langen Strandpro-
menade Le Remblai. Sehenswert sind
der Fischerhafen, die Kapelle Prieu-
ré Saint-Nicolas (11. Jh.) und der
Leuchtturm 〰️ Tour d'Arundel am
Eingang des Hafenkanals.
  Köstliche Meeresfrüchte isst man
im Le Clipper (Di/Mi geschl. | 19 bis,
Quai Guiné | Tel. 02 51 32 03 61 |
€€) im Fischerhafen. Nur 50 m zur
Grande Plage sind es vom gepflegten

🕭 Hotel *Arc en Ciel (37 Zi. | 13, Rue Chanzy | Tel. 02 51 96 92 50 | Fax 02 51 96 94 87 | www.arcencielhotel. com | €–€€).* Auskunft: *1, Promenade Joffre | Tel. 02 51 96 85 85 | Fax 02 51 96 85 71 | www.lessables dolonne-tourisme.com*

SAINT-GILLES-CROIX-DE-VIE [118 B5]

Saint-Gilles-Croix-de-Vie (7000 Ew.) ist ein gemütliches Familienbad gut 100 km nördlich von La Rochelle. 250 Fischer fahren hier noch aufs Meer, um Sardinen zu fangen. Markenzeichen des weiten und bei Ebbe breiten Strandes sind die blauen Holzhäuschen, in denen Urlauber ihre Badesachen aufbewahren. Wer mehr Platz sucht, weicht auf die rechte Seite aus, die nur zu Fuß, per Fahrrad oder mit dem Wasserbus (Abfahrt vom Fischerhafen) zu erreichen ist:

Die *Grande Plage* erstreckt sich auf einer Landzunge zwischen Meer und der Mündung des Flusses Vie.

Auf der Place du Vieux Port findet im Juli und August jeden Abend ein *Handwerkermarkt* statt. In der *Moulerie de la Gare (tgl. | 50, Quai de la République | Tel. 02 51 55 07 28 | €)* stehen **42 Muschelgerichte** zur Wahl. Auskunft: *Boulevard de l'Égalité | Tel. 02 51 55 03 66 | Fax 02 51 55 69 60 | www.stgillescroixdevie.com*

Insider Tipp

Insider Tipp

Das benachbarte *Saint-Hilaire-de-Riez* besitzt eine rauere und steilere Küste. Im Norden folgt *Saint-Jean-de-Monts,* das wegen seines breiten Sandstrandes berühmt ist, den jedoch Hotel- und Apartmentburgen säumen.

LA TRANCHE-SUR-MER [118 B2]

13 km feiner Sandstrand und rund 250 Sonnentage im Jahr machen die-

Endlose Sandstrände und immer eine frische Brise: Les Sables-d'Olonne

sen 40 km nördlich von La Rochelle gelegenen Ort (2100 Ew.) mit weiß gekalkten Häuschen zu einem beschaulichen Paradies für Sonnenanbeter und Wassersportler. Auch Familien mit Kindern wird hier eine Menge geboten. Auskunft: *Place de la Liberté | Tel. 02 51 30 33 96 | Fax 02 51 27 78 71 | www.ot-latranche surmer.fr*

ROYAN

[120 C5] **Der überdachte Markt sieht aus wie ein riesiger Regenschirm, zwei Armen gleich zieht sich die Promenade aus Bars und Boutiquen, Restaurants und Remmidemmi um den Yachthafen.** Die Stadt (19 000 Ew.), die sich an der Nordseite der Girondemündung an einer 2 km langen Bucht erstreckt, hat mit anderen Badeorten der Region nur den langen Strand gemein. Im 19. und frühen 20. Jh. kamen der Geldadel aus Bordeaux, Schriftsteller und Künstler hierher. Émile Zola fotogra-

fierte die Küste, Picasso malte das Café des Bains. Dass von ihrem Royan nichts geblieben ist als Bilder und Erinnerungen, ist der deutschen Armee geschuldet: Im Januar 1945 lieferte sie sich heftige Gefechte mit den Alliierten, 85 Prozent der Stadt wurden zerstört.

An der Frage des Wiederaufbaus schieden sich nach dem Krieg die Geister. Originalgetreu oder ganz neu und anders? Dann sah ein Stadtplaner Bauten des deutschbrasilianischen Architekten Oscar Niemeyer, und das Ergebnis war ein Hauch von Tropenarchitektur.

■ SEHENSWERTES ■

ÉGLISE NOTRE-DAME
Wie eine Orgel sieht die 1955–1958 aus Stahlbeton erbaute Kirche aus, deren Schiff in der Höhe variiert (28 bis 36 m). Sie ist ein Beispiel der brasilianisch inspirierten Architektur, mit der sich Royan nach seiner Zerstörung im Krieg neu erfand.

FRONT DE MER
In einer weiten, geschwungenen Linie erstreckt sich der fast endlose, dreistöckige Komplex aus Restaurants und Geschäften um die Bucht. Zur Zeit ihrer Entstehung war diese großzügige Meeresfront Inbegriff moderner Urbanität.

PARC JARDINS DU MONDE
Der Name verspricht nicht zu viel: ein japanischer, ein mediterraner, ein englischer Garten, ein Bambuslabyrinth und mehr. *5, Avenue des Fleurs de la Paix | Juli/Aug. tgl. 10–20, Sept.–Juni 10–18 Uhr | www.jardins-du-monde.com*

>LOW BUDGET

> Sogar auf Ré gibt es preiswerte Sehenswürdigkeiten: Klettern Sie auf den ☀ Glockenturm von Saint-Martin (Juli/Aug. tgl. 10–23.30 Uhr)! Auf diesem höchsten Punkt der Insel erwartet Sie für 1,65 Euro ein grandioses Panorama.

> Für nur 1,55 Euro (Juli/Aug. 1,75 Euro) können Sie in La Rochelle mit dem Schiffchen Bus de Mer (www.rtcr.fr) zwischen dem Alten Hafen und dem Viertel Minime kreuzen und so den Blick vom Wasser auf La Rochelle genießen.

CÔTE DE LUMIÈRE

ESSEN & TRINKEN

LE CARRELET

Fischgerichte, Meeresfrüchte und regionale Spezialitäten. *Tgl. | 56, Front de Mer | Tel. 05 46 38 60 40 | €€*

L'ÉTOILE DE LA MER *insider Tipp*

Schlemmen von *foie gras* bis Hummer. *Di-Abend und Mi geschl. | 2, Rue de l'Étoile de la Mer | Tel. 05 46 05 02 35 | €€€*

ÜBERNACHTEN

BEAU RIVAGE 🌿 📶

Am Ende der Bucht, mit Blick auf Meer und Mündung. *22 Zi. | 9, Façade de Foncillon | Tel. 05 46 39 43 10 | Fax 05 46 38 22 50 | www.hotel-beau-rivage-royan.com | €€*

SPORT & STRÄNDE

Hauptstrand ist die 2 km lange *Grande Conche,* wo Segeln, Jetski, Kajak, Kitesurfen, Surfen und Tauchen angeboten werden. Bootsausflüge nach Ré, Oléron und Aix.

AUSKUNFT

Im Palais des Congrès | Tel. 05 46 23 00 00 | Fax 05 46 38 52 01 | www.royan-tourisme.com

ZIELE IN DER UMGEBUNG

LA PALMYRE [120 B4]

17 km nordwestlich von Royan liegt der Badeort La Palmyre (700 Ew.) in einem im 19. Jh. angelegten, über 80 km² großen Pinienwald am Meer. Vorgelagerte Sandbänke bilden die ruhige Badebucht *Bonne Anse,* die sich besonders für Familien eignet; es gibt aber auch Strände für Surfer sowie FKK-Zonen. Ein 35 km langer Radweg verbindet La Palmyre mit dem Dorf *La Tremblade,* das für seine Austernzucht berühmt ist. In der Nähe liegt an der Pointe de la Coubre der Leuchtturm Phare de la Coubre. *Auskunft: 2, Avenue de Royan | Tel. 05 46 22 41 07 | Fax 05 46 22 52 69 | www.la-palmyre-les-mathes.com*

Leuchtturm La Coubre bei Royan

SAINT-PALAIS-SUR-MER [120 B5]

Zu den Trümpfen des lebhaften, kleinen Badeorts (3400 Ew.) 6 km nordwestlich von Royan zählen schöne, feinsandige Strände, elegante Villen im Belle-Époque-Stil und die attraktive Lage an der Mündung der Gironde. *Auskunft: 1, Avenue de la République | Tel. 05 46 23 22 58 | Fax 05 46 23 36 73 | www.saint-palais-sur-mer.com*

> WASSER, WALD UND WEIN

Die endlosen Sandstrände der „Silberküste" mit ihrer kräftigen Brandung locken Badende und Surfer, die Weinschlösser im Hinterland die Genießer

> **250 km Sandstrand** sind ein gutes Argument für einen Urlaub an der Côte d'Argent, der „Silberküste". Der Küstenstreifen zwischen der Mündung der Gironde und der des Adour bei Bayonne verdankt seinen Namen dem Glitzern des Meeres im Sonnenlicht.

Im Hinterland liegt das mit 10 000 km² größte Waldgebiet Europas. Es entstand, als man zu Beginn des 19. Jhs. Sandkiefern anzubauen begann, um ein Vorrücken der Dünen ins Landesinnere zu verhindern, und die Moore trockenlegte.

Weil sich der Atlantik hier oft von seiner ungezähmten Seite zeigt, sind die landeinwärts gelegenen Seen ideale Bade- und Wassersportalternativen. Viele Orte sind aufgeteilt in einen Stadtteil am See und einen am Meer. Landschaftlich besonders eindrucksvoll ist die Dune du Pilat, die mit 114–117 m höchste Düne Europas. Sie ist das meistbesuchte Natur-

> *www.marcopolo.de/frankreichatlantik*

CÔTE D'ARGENT

denkmal Aquitaniens und bietet einen phantastischen Blick auf die Küste und das Becken von Arcachon, das als ruhiges Minibinnenmeer ideal zum Baden ist – und zudem Zuchtgebiet hervorragender Austern. Neben dem Wasser, das der Region Aquitanien den Namen gegeben hat, spielt der Wein hier eine wichtige Rolle. Die meisten Weine sind heute standesgemäß in Schlössern zu Hause: den berühmten *châteaux* im Médoc,

Haut-Médoc und rund um Bordeaux und Bergerac.

ARCACHON

[122 A4] Der lebhafte, im Hochsommer rummelige Badeort (12 000 Ew.) am 155 km² großen Becken von Arcachon lässt mit einer Promenade voller Restaurants und der Fußgängerzone Rue Maréchal-de-Lattre-de-Tassigny mit Cafés, Boutiquen und Eisbuden nicht vermuten, dass die

ersten Touristen in Arcachon Lungen-
kranke waren, die hoffnungsfroh Meerluft
und Pinienduft inhalierten. Auch Adel
und künstlerische Prominenz fanden
das Seebad hip, nachdem Napoleon
III. hier 1863 Urlaub gemacht hatte.

Verspielte Bäderarchitektur des 19. Jhs.:
Villa in Arcachons Ville d'Hiver

Mit mehr als 7 km Strand und vielen
Unterhaltungsmöglichkeiten für Kin-
der ist das Städtchen heute ideal für
Familien.

■ SEHENSWERTES

BASILIQUE NOTRE DAME

Interessanter noch als die Kirche aus
dem 19. Jh. ist die *Chapelle des Ma-*

Insider Tipp

rins, die Kapelle der Seeleute aus
dem 18. Jh.: Aus Seenot Gerettete
haben sie mit Votivbildern und Bojen
geschmückt.

VILLE D'ÉTÉ

In der „Sommerstadt" am Fuß des
Hügels tobt zwischen dem hübschen
Bahnhof und der Uferpromenade das
Leben. Vom Hauptstrand legen die
Boote nach Cap-Ferret und zu Touren ins Becken von Arcachon ab,
etwa zur Île aux Oiseaux. Strandnah
liegt das Kasino. Seit 1903 rollen
hier Roulettekugeln.

VILLE D'HIVER

Die waldreiche „Winterstadt", in der
die Reichen und gesundheitlich Angeschlagenen aus Bordeaux ab den
Siebzigerjahren des 19. Jhs. ihre Re-
sidenzen bauten, ist ein Sammelsu-
rium aus verspielter Architektur. Man
unterscheidet drei Bauschübe: Die
„Pioniere" der 1860er-Jahre (solide
Bauwerke mit viel Holz), die „Ver-
rückten" von den 1870ern bis zur
Belle Époque mit fremdländischen
und phantastischen Elementen und
schließlich die „Bescheidenen" der
1920er-Jahre. Die Straßen verlaufen
in geschwungenen Bögen, um den
Wind auszutricksen. Solchermaßen
geschützt, gedeiht hier eine medi-
terrane Vegetation. Einen Überblick
bietet das ✺ *Observatoire Sainte-
Cécile,* eine Eisenkonstruktion, auf
die 75 Stufen führen. Am Bau war
Gustave Eiffel beteiligt.

■ ESSEN & TRINKEN

CAP PEREIRE

Hier genießen Sie hervorragende
Fischspezialitäten auf einer schönen

❯ *www.marcopolo.de/frankreichatlantik*

❄ Terrasse mit Blick aufs Becken von Arcachon. Okt.–März Mo/Di geschl. | 1, Avenue du Parc Pereire | Tel. 05 56 83 24 01 | *www.restaurant cappereire.com* | €€

CHEZ PIERRE

Fisch und Meeresfrüchte in sehr guter Qualität an der Promenade. Tgl. | 1, Boulevard Veyrier-Montagnères | Tel. 05 56 22 52 94 | €€

CHEZ YVETTE

Köstliche Austern aus eigener Zucht und andere Meeresfrüchte. Tgl. | 59, Boulevard du Général Leclerc | Tel. 05 56 83 05 11 | €€

■ EINKAUFEN ■

In der Markthalle neben dem Tourismusbüro ist täglich (im Winter Mo, Mi, So) von 8 bis 13 Uhr Markt.

■ ÜBERNACHTEN ■

FERIENWOHNUNGEN L'AQUARIUM

Studios und Wohnungen 300 m vom Strand. Tel. 05 56 83 57 37 | Fax 05 56 22 53 40 | *www.bassindarca chon.com/pro/aquarium/indexaquari um.htm*

HOTEL DE LA PLAGE ⌇

Strandnah gelegenes Mittelklassehotel mit kleinen Zimmern, aber freundlichem Service. 53 Zi. | 10, Avenue Nelly de Deganne | Tel. 05 56 83 06 23 | Fax 05 56 83 41 47 | *www.hotelarcachon.com* | €€

GRAND HOTEL RICHELIEU

Alter Glanz am Strand. Hier logierte schon Kaiserin Sisi. 45 Zi. | 185, Boulevard de la Plage | Tel. 05 56 83 16 50 | Fax 05 56 83 47 78 | *www.grand-hotel-richelieu.com* | €€–€€€

THALAZUR

Zentrum für Thalassotherapie mit Hotel. 94 Zi. | Avenue du Parc | Tel. 05 57 72 06 66 | Fax 05 57 72 06 60 | *www.thalassofrance.com* | €€€

■ SPORT & STRÄNDE ■

Der *Péreire-Strand* erstreckt sich über 3 km und wird von der Promenade gesäumt. An ihm liegen Spielplätze, ein Skatepark und Rasenflächen. Am ▶▶ *Moulleau-Strand* badet die Jugend, der ▶ *Arbousiers-Strand* im Westen ist Treffpunkt für Surfer.

MARCO POLO HIGHLIGHTS

★ **Pauillac**
Weinselig von Château zu Château (Seite 76)

★ **Musée d'Art Contemporain CAPC**
Avantgardistische Kunst in einem alten Hafenspeicherhaus in Bordeaux (Seite 67)

★ **Dune du Pilat**
Die Aussicht von Europas höchster Düne ist ein Erlebnis (Seite 64)

★ **Biscarrosse**
Mehr als Meer: Hier badet man herrlich auch im See (Seite 64)

★ **Saint-Émilion**
Das Weindorf hat alles, was Frankreichs Reiz ausmacht (Seite 72)

★ **Phare de Cordouan**
Der älteste Leuchtturm Europas in der Girondemündung (Seite 79)

Surfen, Rudern, Tauchen, Jetski, Motorbootverleih und Katamarantouren gehören zum Angebot mehrerer Veranstalter im Yachthafen. Kajakfahrten und -verleih bei *Arcachon Kayak Adventure (24, Rue Alfred Déjean)*, einen *Tennisclub* (20 Sandplätze, zwei Hallen) finden Sie im Péreire-Park *(7, Avenue du Parc)*. Ein Uferweg führt Wanderer um das Becken von Arcachon. Golfer erwartet im *Golf Club d'Arcachon (35, Boulevard d'Arcachon | Tel. 05 56 54 44 00)* eine 18-Loch-Anlage.

AM ABEND

Zum *Kasino (163, Boulevard de la Plage)* gehört auch der *Club Le Scotch*. Ebenfalls schick: *L'Escorida (177, Boulevard de la Plage)*.

AUSKUNFT

Esplanade Georges Pompidou | Tel. 05 57 52 97 97 | Fax 05 57 52 97 77 | www.arcachon.com

>LOW BUDGET

> Skulpturen aus dem frühen 20. Jh. gratis anschauen: Donnerstags ist der Eintritt ins *Musée Despiau Wlérick (Place Marguérite de Navarre | Mi–Mo 10–12 und 14–18 Uhr | www.mont-de-marsan.org)* in Mont-de-Marsan frei. Außerhalb des Museums geht der Kunstgenuss weiter: Den historischen Stadtkern zieren zahlreiche Statuen.

> Besichtigen Sie doch einmal eines der berühmten Weingüter im Médoc. Die Führungen sind fast überall gratis, und Sie erfahren dabei eine Menge über Weinbau.

ZIELE IN DER UMGEBUNG

CAP FERRET [122 A4]

An der Südspitze der Landzunge, die das Bassin d'Arcachon von Norden her umschließt, liegt die Pointe du Cap Ferret mit ihrem 53 m hohen *Leuchtturm (Juli/Aug. tgl. 10 bis 19.30, April–Juni und Sept. 10–12.30 und 14–18.30, Okt.–März Mi–So 14 bis 17 Uhr)*. Tolle Aussicht! Auskunft: *1, Avenue du Général de Gaulle | Tel. 05 56 03 94 49 | Fax 05 57 70 31 70 | www.lege-capferret.com*

DUNE DU PILAT ⭐ [122 A4]

Kommen Sie vor der Völkerwanderung, die sich ab 10 Uhr an den Souvenirbuden vorbei die 170 in den Sand getriebenen Stufen zur 10 km südlich von Arcachon gelegenen größten Düne Europas (114–117 m Höhe, knapp 3 km Länge) hinaufschwitzt. Der Blick über Pinienwälder, weiße Sandbänke im tiefblauen Meer und die Dünenkämme ist so phantastisch, dass Sie sich durch die 2,30 Euro Parkgebühr pro Stunde nicht abschrecken lassen sollten. Südlich der Düne liegen viele Campingplätze direkt am Meer. Auskunft: *Rond-Point du Figuier/2, Avenue Ermitage | Pyla-sur-Mer | Tel. 05 56 54 02 22 | Fax 05 56 22 58 84*

BISCARROSSE

[122 A5] ⭐ **Seebad und Badesee an einem Ort: Biscarrosse (13 000 Ew.) ist dreigeteilt in die Stadtteile Plage, Ville und das Wassersportdorado Biscarrosse-Lac am Südufer des Lac Nord. Ein Fahrradweg führt von Ort zu Ort, die Landschaft ist teilweise moderat hü-**

Rechts wogt der Pinienwald, links der Ozean: auf dem Grat der Dune du Pilat

gelig. Zwei Kanäle verbinden die Seen Lac Sud, Petit Lac de Biscarrosse und Lac Nord miteinander. So ergänzen sich Küste und Hinterland zum perfekten Urlaubsort. Ist der Atlantik zu rau, geht man an den nördlichen See, dessen flache Ufer auch für Kinder angenehm sind. Wassersportlern bieten sich unbegrenzte Möglichkeiten. Biscarrosse-Plage bündelt mit Markt, Boutiquen, Cafés und 10 km Strand hinter Pinienwald alle Vorzüge eines Badeorts.

◼ SEHENSWERTES

MUSÉE DE L'HYDRAVIATION
In Biscarrosse wurde von 1930 bis 1955 die Wasserfliegerei entwickelt und erprobt. Ihre Geschichte ist Thema des Museums. *332, Avenue Louis Bréguet | Biscarrosse-Ville | Juli/Aug. tgl. 10–19, Sept.–Juni Mi–Mo 14–18 Uhr | www.asso-hydraviation.com*

MUSÉE DES TRADITIONS ET DE L'HISTOIRE
Geschichte und Traditionen der Stadt erklärt dieses Museum. *216, Avenue Louis Bréguet   Biscarrosse-Ville | Juli/Aug. Mo–Sa 9.30–19, So 14–18, Juni und Sept. Di–Sa 10–12 und 14 bis 18, Mitte Feb.–Mai Di–Sa 14–18 Uhr*

◼ ESSEN & TRINKEN

LE PARCOURS GOURMAND
Schick und mit Blick ins Grüne speist man im Golfclub. *Tgl. | Avenue du Golf | Tel. 05 58 09 84 84 | €€€*

LA PLAGE
Meeresfrüchte auf dem Strand von Biscarrosse-Plage. *April–Okt. tgl. | kein Tel. | €*

RESTAUMER
Fisch und Meeresfrüchte, mit angeschlossenem Fischmarkt – entsprechend lebhaft ist die Atmosphäre. *März–Okt. tgl.   210, Avenue de la Plage | Tel. 05 58 78 20 26 | www. restaumer.fr | €*

LE SAINT-EX

Insider Tipp

Traditionelle Küche in einem zu Ehren des Schriftstellers Antoine de

Saint-Exupéry wie ein Wasserflugzeug ausgestatteten Restaurant. Der Autor des „Kleinen Prinzen" hatte in den Dreißigerjahren in Biscarrosse Seeflugzeuge getestet. *Mitte Juni bis Sept. tgl., sonst abends geschl. | Place de l'Église | Biscarrosse-Ville | Tel. 05 58 78 16 16 | €€*

■ EINKAUFEN

Großer *Markt* mit regionalen Produkten, Kleidern und Souvenirs täglich in Biscarrosse-Plage.

■ ÜBERNACHTEN

CAMPING

Biscarrosse verfügt über sieben Viersterneplätze. Freibad, beheizbares Hallenbad, Restaurant, Supermarkt und mehr als 800 Plätze bietet *Camping Domaine de la Rive (Route de Bordeaux | Tel. 05 58 78 12 33 | Fax 05 58 78 12 92 | www.larive.fr)* am Lac Nord.

HÔTEL LA CARAVELLE

In Biscarrosse-Lac das einzige Haus mit Seeblick, Strand und Bootsanleger. Restaurant mit regionaler Küche. Die Inhaberin spricht Deutsch. *11 Zi. | 5314, Route des Lacs | Tel. 05 58 09 82 67 | Fax 05 58 09 82 18 | www.lacaravelle.fr | €€*

HÔTEL LA FORESTIÈRE

Das Waldstück neben dem einzigen Dreisternehotel von Biscarrosse ist abgeholzt und das Haus somit eines Teils seines Charmes beraubt. Die 50 nicht sehr geräumigen Zimmer gruppieren sich um einen Pool. Mit Restaurant. *1300, Avenue du Pyla | Tel. 05 58 78 24 14 | Fax 05 58 78 26 40 | www.hotellaforestiere.com | €*

HÔTEL LES VAGUES

Schlichtes, sympathisches Haus 300 m vom Strand am Pinienwald. Mit Restaurant. *29 Zi. | 99, Rue des Iris | Tel. 05 58 83 98 10 | Fax 05 58 83 98 14 | www.lesvagues.com | €*

■ SPORT & STRÄNDE

Segeln, Bootsverleih, Wellenreiten, Wasserski, Bootsfahrten über die Seen, Strandsegeln, Kinderstrandclub, Tauchen, Golf, Fahrradverleih: Es gibt so gut wie nichts, was es nicht gibt … Der südliche, unbewachte Strandabschnitt ist FKK-Refugium.

■ AM ABEND

Angesagter Club in Biscarrosse-Plage ist *L'Oceana (46, Rue du Grand Vivier | Juli/Aug. tgl., sonst Fr/Sa).* Auch ein *Kasino (Boulevard des Sables)* fehlt nicht.

■ AUSKUNFT

55, Place Georges Dufau | Tel. 05 58 78 20 96 | Fax 05 58 78 23 65 | www.biscarrosse.com

BORDEAUX

KARTE IN DER HINTEREN UMSCHLAGKLAPPE

[122 C3] Bordeaux (210 000, Großraum 696 000 Ew.), Welthauptstadt des Weins, Hauptstadt der Region Aquitanien und seit 2007 Unesco-Welterbe, erfreut sich nur bester Lage zwischen Weinschlössern und weiten Stränden, es hat auch als Stadt ganz eigenen Reiz. Die Metropole an der Garonne hat sich einer Verschönerungskur unterzogen, die ihre Architektur wieder zur vollen Geltung bringt. Die Altstadt mit ihren 5000 klassizistischen, denkmalgeschützten Häusern wurde restauriert, die Fassaden aufgehellt. Nun sollen auch noch die Autos aus der City verschwinden. Die Altstadt ist mit einem System miteinander verbundener Parkhäuser unterkellert, einige Straßen sind nur Fußgängern und Anwohnern zugänglich.

Ihr harmonisches Erscheinungsbild verdankt die Stadt der Neugestaltung im 18. Jh. Den nötigen Reichtum hatte Bordeaux das Weingeschäft mit England beschert. Heute verfügt Bordeaux über ein großstädtisches Kulturangebot und hervorragende Einkaufsmöglichkeiten.

▮ SEHENSWERTES ▮

CATHÉDRALE SAINT-ANDRÉ
Sehenswert sind das Königsportal mit zehn Aposteln, Auferstehung und Jüngstem Gericht sowie das Nordportal mit der Darstellung von Abendmahl, Himmelfahrt und dem Triumph Christi. *Place Jean Moulin*

ESPLANADE DES QUINCONCES
Mit 126 000 m² einer der größten Plätze Europas, der 1818–1828 am Flussufer angelegt wurde. Die 1902 fertiggestellte, fast 50 m hohe Säule mit einer Freiheitsstatue darauf erinnert an die 1792 hingerichteten Girondisten. An ihrem Sockel plätschern zwei von Bronzeskulpturen geschmückte Brunnen. Zwei weitere Statuen stellen den Essayisten Michel de Montaigne und den Staatstheoretiker Charles de Secondat, Baron de Montesquieu, dar.

MUSÉE D'AQUITAINE
Die Geschichte Aquitaniens mit archäologischen Funden und Abteilungen für Weinbau und Austernzucht. *20, Cours Pasteur | Di–So 11–18 Uhr*

MUSÉE D'ART CONTEMPORAIN CAPC ⭐ ▶▶
Hervorragende Sammlung zeitgenössische Kunst. Rund 700 wegweisen-

Das Monument aux Girondins reckt sich auf der Place des Quinconces de, seit den Siebzigerjahren entstandene Zeichnungen, Gemälde, Fotografien, Installationen und Skulpturen sind im Centre d'Arts Plastiques Contemporains in einem sehenswer-

Dem Himmel entgegen: Tour Pey-Berland, Glockenturm der Kathedrale von Bordeaux

ten Lagerhaus aus dem frühen 19. Jh., dem Entrepôt Laîné, ausgestellt. *7, Rue Ferrère | Di–So 11–18 (Mi bis 20) Uhr*

MUSÉE DES BEAUX ARTS

Gemälde aus dem 17.–20. Jh., darunter Werke von Rubens, Matisse, Picasso und Renoir. *20, Cours d'Albret | Mi–Mo 11–18 Uhr*

LE MUSÉE DU VIN ET DES NÉGOCIANTS

Seit 2008 besitzt Bordeaux ein neues Weinmuseum, das die Weinbaugeschichte aufrollt. Nach der Theorie gibts eine Verkostung. *41, Rue Borie | tgl. 10–18 Uhr | www.mvnb.fr*

PLACE DE LA BOURSE

An der Uferpromenade erstrahlt die elegante Place de la Bourse, die im Norden von der Börse, im Süden vom einstigen Zollamt (heute Zollmuseum) gerahmt wird. Die Mitte ziert der Brunnen der Drei Grazien aus dem 19. Jh.

PLACE DE LA COMÉDIE

Hier erhebt sich das prachtvolle, 1773–1780 im neoklassizistischen Stil errichtete *Grand Théâtre* (Karten unter *Tel. 05 56 00 85 95*) und gegenüber das ebenfalls vom Architekten Victor Louis entworfene *Hôtel de Rolly.*

TOUR PEY-BERLAND

Von der Aussichtsplattform des 47 m hohen, frei stehenden Glockenturms der Kathedrale Saint-André öffnet sich ein schöner Blick auf die Stadt. *Juli/Aug. tgl. 10–19, Juni und Sept. 10–18, Okt.–Mai 10–12.30 und 14 bis 17 Uhr*

ESSEN & TRINKEN

BAUD & MILLET

Alles Käse: In diesem Restaurant mit angeschlossenem Käsegeschäft dreht sich fast alles um das Milcherzeugnis: 200 Sorten stehen zur Wahl, im Keller befinden sich außerdem die passenden Weine. *So geschl. | 19, Rue Huguerie | Tel. 05 56 79 05 77 | www.baudetmillet.fr* | €

CAFÉ DU MUSÉE

Auf dem Dach des CAPC isst man (mittags) gut und in bester Lage. *Mo und abends geschl. | 7, Rue Ferrère | Tel. 05 56 44 71 61* | €

CAFÉ DU THÉÂTRE

Jean-Marie Amat serviert ausgezeichnete regionale Spezialitäten wie geschmorte Lammschulter auf Aprikosen in unprätentiösem Bistroambiente. *So/Mo geschl. | 3, Square Jean Vauthier/Place Renaudel | Tel. 05 57 95 77 20* | €€

LE CHAPON FIN

Eine Institution ist dieser Feinschmeckerpalast, in dem schon der Maler Henri de Toulouse-Lautrec und Englands Edward VII. speisten. Küchenchef Nicolas Frion, ein Schüler von Paul Bocuse, führt eine kreative, aber klassisch französische Küche. *So/Mo geschl. | 5, Rue Montesquieu | Tel. 05 56 79 10 10 | www.chapon-fin.com* | €€€

CHEZ DUPONT

Regionale Klassiker von *foie gras* bis zu Muschelgerichten im trendigen Quartier des Chartrons. *So/Mo geschl. | 45, Rue Notre Dame | Tel. 05 56 81 49 59* | €€

CHEZ JEAN

Ein schnörkelloses Interieur erlaubt in dieser Brasserie, sich ganz auf die Klassiker des Südwestens, darunter ausgezeichnete Fleischspezialitäten, und die Weine aus der Region zu konzentrieren. Do 19–20 Uhr Happy Hour. *Tgl. | Place du Parlement | Tel. 05 56 44 44 43 | www.chezjeanbordeaux.com* | €

LA TUPINA

Regionale Köstlichkeiten von Kaviar aus Aquitanien bis zur Ente aus den Landes. *Tgl. 6, Rue Porte de la Monnaie | Tel. 05 56 91 56 37 | www.latupina.com* | €€€

EINKAUFEN

Die Fußgängerzone *Rue Sainte-Catherine* ist die wichtigste Adresse für Mode (z. B. *Galeries Lafayette*) und Mitbringsel. Die *Rue Notre-Dame* im Quartier des Chartrons ist Adresse vieler Antiquitätenhändler. Im „goldenen Dreieck" (*Allées de Tourny/Cours Clemenceau/Cours de l'Intendance*) sind viele gut sortierte Weingeschäfte vertreten (z. B. *Caves Passavant | 44, Allées de Tourny*). Vor dem Kriegskreuzer „Colbert", der am Quai des Chartrons auf Höhe des Cours Martinique in der Garonne liegt, findet sonntags ein *Lebensmittel- und Delikatessenmarkt* statt. Von Dienstag bis Sonntag ist der *Markt* in den *Halles Les Capucins* geöffnet.

ÜBERNACHTEN

BLUE LODGE

Charmantes, gepflegtes Gästehaus in Innerstadtnähe mit Garten und vier individuell eingerichteten Zimmern. Vorausbuchung im Sommer unabdingbar! *70, Rue de Ségur | Tel. 06 78 25 85 83 | www.bluelodgein bordeaux.com | €*

LA MAISON DU LIERRE

Im „goldenen Dreieck" gelegenes, gemütliches Hotel in alten Mauern mit Garten. *12 Zi. | 57, Rue Huguerie | Tel. 05 56 51 92 71 | Fax 05 56 79 15 16 | www.maisondulierre.com | €€*

HÔTEL DES QUATRES SŒURS

Die Zimmer sind schlicht, aber hell und freundlich, die Lage könnte besser nicht sein. Das erschwert das Parken, doch in der Nähe ist eine Tiefgarage. *29 Zi. | 6, Cours du 30 Juillet | Tel. 05 57 81 19 20 | Fax 05 56 01 04 28 | http://4soeurs.free.fr | €€*

THE REGENT

Das erste Haus am Platz in bester Lage gegenüber der Oper bietet in 150 opulent eingerichteten Zimmern allen Luxus vom Flatscreenfernseher bis zum Marmorbad. *2–5, Place de la Comédie | Tel. 05 57 30 44 44 | Fax 05 57 30 44 45 | www.regenthotels.com | €€€*

LA TOUR INTENDANCE

Sehr stilvoll ist dieses modern eingerichtete Hotel mit schönen Holzböden und alten, teils freigelegten Mauern. Zudem liegt es mitten im Geschehen. *24 Zi., 16 | Rue de la Vieille Tour | Tel. 05 56 44 56 56 | Fax 05 56 44 54 54 | www.hotel-tour-intendance.com | €€–€€€*

■ AM ABEND ■

Livejazz und Blues werden im *Le Blueberry (61, Rue Camille Sauvageau)* und im ▶▶ *Le Comptoir du Jazz (57 ter, Quai de Paludate)* gespielt, Chansons im *Le Bokal (10, Rue Buhan)*. Einen sehr guten Ruf genießt die *Opéra National de Bor-*

> BLOGS & PODCASTS
Gute Tagebücher und Files im Internet

> *www.frankreich-nachrichten.de* – Umfangreicher Frankreich-Blog mit aktuellen Nachrichten aus Frankreich in deutscher Sprache. Breites Themenspektrum.

> *http://blog.despagne.fr* – Die Winzerfamilie Despagne aus Bordeaux berichtet auf Englisch über ihr Weingut im Lauf der Jahreszeiten.

> *www.blog-planete-bordeaux.net* – Tolle Rezepte für Spezialitäten aus der Region rund um Bordeaux, dazu Wissenswertes über Weintourismus. Auf Französisch.

> *www.vitiblog.com/en_allemand. shtml* – In diesem Winzerblog finden Sie (auch auf Deutsch) alles Wissenswerte über Wein. Danach hilft nur noch selbst probieren!

> *www.rfi.fr* – Aktuelle Beiträge von Radio France Internationale zu politischen, kulturellen und gesellschaftlichen Themen; auch in deutscher Sprache.

Für den Inhalt der Blogs & Podcasts übernimmt die MARCO POLO Redaktion keine Verantwortung.

Haute Culture in Bordeaux' Opernhaus: das neoklassizistische Grand Théâtre

deaux (Tel. 05 56 00 85 95 | www. opera-bordeaux.com) mit drei Spielorten: Opern werden im *Grand Théâtre* aufgeführt, Operetten im *Théâtre Fémina (10, Rue de Grassi),* Symphoniekonzerte im *Palais des Sports (Place de la Ferme de Richemont).* Techno- und Loungemusik wird in der ▶▶ *Dame de Shanghaï (Bassins à Flot | Rue E. Faure)* aufgelegt.

■ AUSKUNFT

12, Cours du 30 Juillet | Tel. 05 56 00 66 00 | Fax 05 56 00 66 01 | www.bordeaux-tourisme.com

■ ZIELE IN DER UMGEBUNG

BLAYE   [122 C2]

Eine gewaltige, 1689 fertiggestellte Zitadelle ist die größte Attraktion des 45 km nördlich von Bordeaux an der Gironde gelegenen Städtchens (5000 Ew.). In der Zitadelle ist ein Dorf mit Kunsthandwerkern und Gastronomie entstanden. Ansonsten dreht sich in Blaye alles um den Wein, hier vor allem den roten. Die *Maison du Vin de Blaye (12, Cours*

Vauban | Mo–Sa 8.30–12.30 und 14 bis 18.30 Uhr) gibt einen Überblick.

LA BRÈDE   [122 C4]

18 km südlich von Bordeaux wuchs der Staatstheoretiker Charles Louis de Secondat, Baron de la Brède et de Montesquieu (1689–1755), auf *Château de la Brède (Juni–Sept. Mi–Mo, Mai und Okt. Sa/So 14–18.30 Uhr | www.chateaulabrede.com)* im gleichnamigen Städtchen (3500 Ew.) auf. Das von einem Park umgebene Wasserschloss ist bis heute in Familienbesitz; ein Teil der Räume ist zu besichtigen.

CHÂTEAU MONTAIGNE   [123 D3]

Erschöpft vom Leben zog sich Michel de Montaigne (1533–1592) an seinem 38. Geburtstag in den Bibliotheksturm seines Anwesens zurück, um dort nur mehr in Ruhe zu schreiben. Neun Jahre lang verließ er den Turm nicht, drei Bände seiner berühmten „Essais" waren die Folge. Sie machen den Turm bis heute zu einem viel besuchten Ziel gut 50 km östlich von Bordeaux. Das Schloss brannte im 19. Jh. ab und wurde wiederaufgebaut, der Turm blieb erhalten. *Juli/Aug. tgl. 10–18.30, Mai/Juni und Sept./Okt. Mi–So 10–12.30 und 14–18.30, sonst bis 17.30 Uhr, Jan. geschl. | www.chateau-montaigne.com*

MARTILLAC [122 C3]

Wein schmeckt nicht nur, er macht auch schön – so das Motto im Weinkurhotel *Les Sources de Caudalie (49 Zi. und Suiten | Tel. 05 57 83 83 83 | Fax 05 57 83 83 84 | www.sources-caudalie.com | €€€)*. Zwischen Weinbergen können Urlauber wenige Kilometer südlich von Bordeaux auf Château Smith-Haut Lafitte bei Martillac schlemmen, genießen und mit Peeling à la Sauvignon oder einer Weinmassage zugleich etwas für Gesundheit und Schönheit tun.

SAINT-ÉMILION ⭐ [123 D3]

40 km östlich von Bordeaux liegt dieses alte Städtchen (3000 Ew.) auf zwei Hügeln. Die reizvolle, autofreie (im Sommer überlaufene) Altstadt und die gut sortierten Weinhandlunger gehören ebenso zu seinen Attraktionen wie die in den Fels gehauene, unterirdische Kirche *Église Monolithe*, die *Katakomben* und die *Chapelle de la Trinité* (9.–13. Jh.).

In der Umgebung gibt es mehrere Dutzend Weingüter – Adressen bekommen Sie beim Office du Tourisme. Regionale Küche und eine große Weinauswahl genießen Sie in der Restaurantbrasserie *Amelia Canta (tgl. | 2, Place de l'Église Monolithe | Tel. 05 57 74 48 03 | www.ameliacar.ta.com | €)*. Im Restaurant der eleganten, in den Mauern eines einstigen Klosters eingerichteten 🌐 *Hostellerie de Plaisance (14 Zi., 3 Suiten | Restaurant Mai–Okt. Mo geschl. | Place du Clocher | Tel. 05 57 55 07 55 | Fax 05 57 74 41 11 | www.hostellerie-plaisance.com | €€€)* steht Sternekoch Philippe Etchebest am Herd. Wunderschön eingerichtet

Das charmante Weinstädtchen Saint-Émilion ist einen Ausflug wert

Insider Tipp ist das 📶 *Château Franc Mayne (9 Zi. | 14, La Gomerie | Tel. 05 57 24 62 61 | Fax 05 57 24 68 25 | www.relaisfrancmayne.com | €€€);* Gäste kommen in den Genuss einer Weinprobe hauseigener Gewächse. Auskunft: *Place des Créneaux | Tel. 05 57 55 28 28 | Fax 05 57 55 28 29 | www.saint-emilion-tourisme.com*

SAINT-MACAIRE [123 D4]

Von Weingütern umgeben liegt das mittelalterliche Städtchen (5700 Ew.) gut 40 km südöstlich von Bordeaux. Schön sind die Kirche *Saint-Sauveur* aus dem 11. Jh., die *Place du Mercadiou (Do Markt)* und die Reste einer Benediktinerabtei aus dem 12. Jh. Auskunft: *8, Rue du Canton | Tel. 05 56 63 32 14 | Fax 05 56 76 13 24 | www.saintmacaire.fr*

MIMIZAN

[124 C2] Der hübsche Ferienort (8000 Ew.) südlich des Étang d'Aureilhan begründete in den Zwanzigerjahren des 20. Jhs. den Ruhm dieses Teils der Küste. Coco Chanel gehörte zu den frühen Sommergästen. Sie logierte – wie Winston Churchill, Charlie Chaplin und Salvador Dalí – beim Herzog von Westminster, der am See das Schloss Woolsack sein Eigen nannte (heute Privatbesitz). 6 km liegen zwischen Mimizan-Plage und Mimizan-Bourg, doch wachsen beide langsam zusammen. *Plage* ist das Urlaubsidyll mit Fußgängerzone, Uferpromenade, umfangreichem Wassersportangebot und fünf breiten Badestränden. Der 7 km lange Wasserlauf Courant de Mimizan verbindet See und Meer und trennt Mimizans 10 km Strand in die Abschnitte Nord und Süd. An der Blumenpromenade *(Rue du Lac)* gedeihen mehr als 300 Pflanzenarten. In Mimizan-Bourg konzentrieren sich Verwaltung und Industrie in Form einer – leider kilometerweit zu riechenden – Papierfabrik. Mimizan wird seiner Angebote für Kinder wegen als „Station Kid" geführt (s. Kapitel „Mit Kindern reisen").

■ SEHENSWERTES ■

ABTEI BÉNÉDICTINE

Um 1650 verließen die Benediktiner die im Mittelalter bedeutende Abtei an der Straße zwischen Mimizan und Mimizan-Plage. 100 Jahre später war sie vor Wanderdünen begraben – nur der Glockenturm ragte aus dem Sand. Das geschnitzte Portal aus dem 13. Jh. zählt die Unesco zum Weltkulturerbe. Eine Ausstellung *(Anmeldung erforderlich | Tel. 05 58 09 00 61)* erzählt die Geschichte von Abtei und Region. *Rue de l'Abbaye | Mitte Juni bis Mitte Sept. Mo–Sa 10–12.30 und 14 bis 17 Uhr | http://musee.mimizan. com/index1.htm*

MUSÉE D'HISTOIRE DE MIMIZAN

Das Heimatmuseum informiert über die Geschichte der Region, die Nutzung des Waldes und Berufe wie den des Sägewerkers, des Harzzapfers und des Eseltreibers. *Rue de l'Abbaye | Mitte Juni–Mitte Sept. Mo–Fr 14–17 Uhr*

■ ESSEN & TRINKEN ■

LE BISTROT DE LA MER

Meeresfrüchte und Fisch, rustikales Ambiente mit Billardtisch. *Tgl. | 8, Avenue Maurice Martin | Tel. 05 58 09 08 56 | €*

ILE DE MALTE

Anspruchsvolle Küche; die Wände schmücken alte Ansichten von Mimizan. *Tgl.* | *5, Rue du Casino* | *Tel. 05 58 82 48 15* | €€

A NOSTE ☀

Fisch und Meeresfrüchte bei tollem Blick auf den Strand. *Tgl.* | *Avenue de la Côte d'Argent* | *Tel. 05 58 09 31 34* | €€

Insider Tipp
LA TABLE DE LA FERME

Regionale Küche, moderate Preise, schöner Garten. *Tgl.* | *31, Avenue Maurice Martin* | *Tel. 05 58 09 27 81* | €€

■ EINKAUFEN ■

Markt ist täglich in der Markthalle, *Abendmarkt* am Donnerstag auf der Place du Marché (Kunsthandwerk, Kleidung und regionale Produkte).

■ ÜBERNACHTEN ■

CAMPING AIROTEL CLUB MARINA-LANDES ☀

In einem Kiefernwald mit Zugang zum Strand; Geschäfte, Schwimmbad, Restaurant, Spielplatz. *573 Plätze* | *Rue Marina, Plage Sud* | *Tel. 05 58 09 12 66* | *Fax 05 58 09 16 40* | *www.marinalandes.com*

HÔTEL L'ÉMERAUDE DES BOIS ☀

Am Ufer des Courant, mit Restaurant. Fünf Autominuten zum Strand und in den Ort. *15 Zi.* | *66/68, Avenue de Courant, Plage Sud* | *Tel. 05 58 09 05 28* | *Fax 05 58 09 35 73* | *www.emeraudedesbois.com* | €

HÔTEL DE FRANCE ☀

Schlicht, strandnah und nett geführt. *21 Zi.* | *18, Avenue de la Côte d'Argent* | *Tel. 05 58 09 09 01* | *Fax 05 58 09 47 16* | *www.hoteldefrance-mimizan.com* | €€

■ FREIZEIT & SPORT ■

Außer praktisch allen Sportarten und Aktivitäten rund ums Wasser gehören Reiten und Golf zum umfangreichen Angebot.

■ AM ABEND ■

Kein Seebad ohne Spielhölle: Das *Kasino* finden Sie in der Rue du Casino. Beliebte Clubs sind ▶▶ *Le Dark Club (2, Avenue de la Jetée), Le Mambo (8, Rue Assolant, Lefèvre et Lotti)* und *Les Bains de Minuit (14, Rue Assolant, Lefèvre et Lotti).*

■ AUSKUNFT ■

38, Avenue Maurice Martin | *Tel. 05 58 09 11 20* | *Fax 05 58 09 40 31* | *www.mimizan-tourism.com*

■ ZIELE IN DER UMGEBUNG ■

CONTIS-PLAGE   [124 C2]

23 km südlich von Mimizan liegt der kleine Badeort an der Mündung des Flusslaufs Courant de Contis. Die schönen, kilometerlangen Strände sind ideal für einen ruhigen Badeurlaub. Stolz des Orts ist der 1862 erbaute ☀ *Leuchtturm (Juli/Aug. Di und Do 10–12.30 und 14.30–16.30 Uhr),* der einzige zwischen Cap-Ferret und Capbreton. Auskunft: *Avenue de l'Océan* | *Tel. 05 58 42 89 80* | *Fax 05 58 42 42 45* | *www.contis-tourisme.com*

COURANT D'HUCHET   [124 C3]

Gut 40 km südlich von Mimizan liegt das Naturschutzgebiet um den Courant d'Huchet. Der Strom fließt durch waldreiche Landschaft und bei Huchet ins Meer. Es werden geführte Kanutouren und Wanderungen ab *Pichelèbe* angeboten. Anmeldung: *Tel. 05 58 48 75 39 | www.batelier.com*

LÉON   [124 C3]

Am Lac de Léon liegt dieser hübsche Ferienort (1500 Ew.) 40 km südlich von Mimizan und 7 km vom Meer.

Courtiau | Tel. 05 58 48 76 03 | Fax 05 58 48 70 38 | www.ot-leon.fr

MOLIETS-ET-MAA   [124 C3]

Moliets-et-Maa ist ein weiterer der eher ruhigen Badeorte südlich von Mimizan (47 km). Zu seinen Reizen gehören ein See, viel Pinienwald und der 2,5 km entfernte Strandort Moliets-Plage. Moliets-et-Maa besitzt

Kahnpartie durch den Urwald: Courant d'Huchet, schönster Fluss der Landes

Das umfangreiche Freizeitangebot (Golf, Surf- und Segelschule, Reiten) sowie die Bademöglichkeit am See sind ideal für Familien mit Kindern. Am See befindet sich auch der Campingplatz *Lou Puntaou (Au Bord du Lac | Tel. 05 58 48 74 30 | Fax 05 58 48 70 42 | www.loupuntaou. com)* mit 393 Plätzen, großem Freibad, Kinderclub, Bar und Restaurant. Auskunft: *65, Place Jean Baptiste*

einen reizenden Ortskern mit hübschen historischen Häusern, Kirche und Kapelle. Das Sport- und Freizeitangebot ist üppig: Durch den Wald führen Wanderwege, es gibt Angelgründe, einen Golfplatz, einen Baumwipfelparcours, Reitclubs, Tennisplätze, einen Skatepark und Wassersport aller Art. Auskunft: *Rue du Général Caunègre | Tel. 05 58 48 56 58 | Fax 05 58 48 52 93 | www.moliets.com*

SABRES [125 D2]

Allein das Freilichtmuseum *Écomusée de la Grande Lande (Juni–Mitte Sept. tgl., Zug 10.10–12.10 und 14 bis 17.20 Uhr alle 40 Minuten, letzte Rückfahrt 19 Uhr, April/Mai und Mitte Sept.–Okt. Mo–Sa, Züge alle 40 Minuten 14–16.40 Uhr, So 10.10 bis 16.40 Uhr | www.parc-landes-de-gascogne.fr)* lohnt den Ausflug gut 45 km landeinwärts. Mit einer kleinen historischen Eisenbahn fährt man von Sabres direkt in die Sumpf- und Heidelandschaft der Landes des 19. Jhs. Im Museumsdorf *Marquèze* bestellen Bauern mit Ochsenkarren Felder, eine Wassermühle plätschert, aus dem Ofen der Bäckerei kommt duftendes Brot: ein Museum für alle Sinne.

VIEUX-BOUCAU-LES-BAINS/ PORT D'ALBRET [124 B–C3]

Unter dem Namen Port d'Albret war dieser Ort 54 km südlich von Mimizan ein nicht unbedeutender Hafen, bis im 16. Jh. die Adour, der größte Fluss der Landes, nach Bayonne umgeleitet wurde. Heute ist Vieux-Boucau (1400 Ew.) als lebhafter Urlaubsort wiederauferstanden: mit schönen Fachwerkhäusern in der autofreien Altstadt, einem See, Dünenlandschaft, neuen Ferienhäusern und der Promenade *Le Mail.* Ein angenehmes Hotel in der Fußgängerzone ist *La Côte d'Argent (36 Zi. | 4, Grand'Rue | Tel. 05 58 48 13 17 | Fax 05 58 48 01 15 | www.lacotedargent-vieuxboucau.fr | €).* Auskunft: *11, Le Mail | Tel. 05 58 48 13 47 | Fax 05 58 48 15 37 | www.ot-vieux-boucau.fr*

PAUILLAC

[122 B1] ⭐ **Die Halbinsel Médoc am Westufer der Gironde ist geistige Heimat aller Rotweinliebhaber der Welt.** Der Hauptort, das auf halbem Weg zwischen Küste und Bordeaux gelegene Pauillac (5200 Ew.), ist mit 23 *châteaux* unbedingt ein Ziel für Reisen-

Château Mouton-Rothschild: reduzierte Eleganz statt Folklorekitsch de mit großem Kofferraum. Einen schönen Strand, einen schicken Yachthafen und viele Möglichkeiten, Wassersport zu treiben, gibt es außerdem.

SEHENSWERTES

CHÂTEAUX

Außerhalb der Lesezeit öffnen fast alle *châteaux* ihre Türen für Besucher. Eine Anmeldung (direkt beim Gut oder übers Office du Tourisme) ist zum Kellerbesuch unerlässlich. Zu den berühmtesten zählen *Château Lafite-Rothschild (Fax 05 56 59 26 83 | www.lafite.com), Château Latour (Tel. 05 56 73 19 80 | Fax 05 56 73 19 81 | www.chateau-latour.fr), Château Pichon-Longueville (Tel. 05 56 73 17 17 | Fax 05 56 73 17 28 | www.chateau pichonlongueville.com),* Château *Lynch-Bages (Tel. 05 56 73 24 00 | Fax 05 56 59 26 42 | www.lynchba ges.com), Château Mouton-Rothschild (Tel. 05 56 73 20 20 | www. mouton-rothschild.com),* der Rolls-Royce unter den Weinschlössern mit eigenem Museum über die Geschichte des Weins, und *Château Gaudin (2/8, Route des Châteaux | Tel. 05 56 59 06 15 | Fax 05 56 59 25 26 | www.chateaugaudin.fr);* in dem Familienbetrieb können Sie eigenhändig eine Flasche verkorken und etikettieren. Dafür gibt es ein „Diplom" als „Maître embouteilleur" und die Flasche als Souvenir.

PETIT MUSÉE DES AUTOMATES

Nicht nur Kinder fasziniert diese Ausstellung mechanischen Spielzeugs. *3, Rue Aristide Briand | Juli/Aug. Di–Sa 10–13 und 14–19, April bis Juni und Sept. 10–12.30 und 14.30–19 Uhr*

ESSEN & TRINKEN

CAFÉ LAVINAL

Insider Tipp

Der Besitzer von Schloss Lynch-Bages, Jean-Michel Cazes, hat seinen Heimatort *Bages* südlich von Pauillac, ein nahezu ausgestorbenes Weindorf, aufgekauft und restauriert – samt Bäcker, Geschäften und diesem Restaurant mit regionaler Küche. *So-Abend geschl. | Place Desquet | Tel. 05 57 75 00 09 | €€*

CORDEILLAN BAGES

Gourmetküche im gleichnamigen Hotel der Relais-&-Châteaux-Kette. Der mit zwei Michelinsternen dekorierte Thierry Marx steht hier in der Küche. *Di-Mittag, Sa-Mittag und Mo geschl | Route des Châteaux | Tel. 05 56 59 24 24 | www.cordeillanba ges.com | €€€*

EINKAUFEN

Außer Wein gibt es einen hübschen *Markt (Sa-Vormittag | Place du Marché).* Im Office du Tourisme sind 300 der insgesamt 1500 Weine des Médoc ausgestellt und zu kaufen – zum selben Preis wie in den *châteaux.*

ÜBERNACHTEN

CHÂTEAU POMYS VIN ET SÉJOUR

Wer nach der Verkostung nicht mehr fahren will, schläft am besten auf dem Weingut. *10 Zi. | Route de Poumeys | Saint-Estèphe | Tel. 05 56 59 73 44 | Fax 05 56 59 30 25 | www.chateaupomys.com | €€*

HÔTEL DE FRANCE ET D'ANGLETERRE 🔊

An der Girondemündung, mit hübschem Garten und Restaurant. *29 Zi. | 3, Quai Albert Pichon | Tel. 05 56 59 01 20 | Fax 05 56 59 02 31 |*

www.hoteldefrance-angleterre.com |
€€

La Verrerie | *Tel. 05 56 59 03 08* |
Fax 05 56 59 23 38 | *www.pauillac-medoc.com*

■ ZIELE IN DER UMGEBUNG ■

HOURTIN   [122 A1]

Der Ort (3250 Ew.) 25 km westlich
von Pauillac teilt sich in die Stadtteile Plage, Lac und den Yachthafen
Port. Ein Wassersportmekka ist der
Lac d'Hourtin et de Carcans, der
größte natürliche Binnensee Frankreichs. Einer 10 ha großen, auto-
freien „Kinderinsel" verdankt Hourtin das Label „Station Kid". Ein
empfehlenswertes Hotel ist 🔊 *Le
Dauphin* (*17 Zi.* | *17, Place de
l'Église* | *Tel. 05 56 09 11 15* | *Fax
05 56 09 24 37* | *www.le-dauphin.fr* |
€). 300 m vom Meer und 4 km vom
See liegt der Campingplatz *La Côte
d'Argent* (*Rue d'Aquitaine* | *Tel.
05 56 09 10 25* | *Fax 05 56 09 24 96* |
www.cca33.com) mit Restaurant und
Pools. Auskunft: *Place du Port* | *Tel.
05 56 09 19 00* | *Fax 05 56 09 22 33* |
www.hourtin-medoc.com

LACANAU-OCÉAN   [122 A2]

Mehr als 14 km Strand hinter hohen
Dünen, der See Lac de Lacanau und
dichter Kiefernwald zählen zu den
Trümpfen dieses Badeorts (3400
Ew.) gut 50 km südwestlich. Lacanau
ist eines der größten Seebäder der
Côte d'Argent. Zum Freizeitangebot

❯ BÜCHER & FILME
So stimmen Sie sich auf den Atlantikurlaub ein

❯ **Georges Simenon** – Die Atlantikküste,
insbesondere die Côte de Lumière,
hat viele Schriftsteller inspiriert.
Georges Simenon (1903–1989), geisti-
ger Vater des Kommissars Maigret,
liebte die Vendée und La Rochelle:
15 Romane spielen in der Hafenstadt
– z. B. „Die Fantome des Hutmachers".
„Maigret macht Ferien" hat Les Sables-
d'Olonne zur Kulisse.

❯ **Tanja Kinkel** – Wer sich für historische
Schmöker begeistert, kann sich mit
der deutschen Autorin Tanja Kinkel
auf den Urlaub an der Atlantikküste
einstimmen. „Die Schatten von La
Rochelle" spielt vor dem Hintergrund
der Religionskriege, „Die Löwin von
Aquitanien" erzählt die Geschichte
der Eleonore von Aquitanien.

❯ **Die Ferien des Monsieur Hulot** –
Unverzichtbar zur Einstimmung ist
dieser Klassiker (1953) von Jacques
Tati. Der Film kommt fast ohne Sprache aus, schafft aber um so dichtere
Urlaubsatmosphäre an der Atlantikküste.

❯ **Pauline am Strand** – Neueren Datums
(1982) ist dieser Film von Eric Rohmer,
der nicht ohne Witz die amourösen
Abenteuer der jungen Pauline und
ihrer älteren Cousine Marion am
Atlantik erzählt.

❯ **Unter dem Sand** – Charlotte Ramp-
ling spielt in dieser 2001 von François
Ozon verfilmten Geschichte von Ver-
lust, Trauer, Lebenslügen eine Frau,
deren Mann ins Meer schwimmen
geht und nicht zurückkehrt.

gehören neben allen denkbaren Wassersportmöglichkeiten drei Golfplätze, drei Reiterhöfe und ein Netz von Rad- und Waldwanderwegen. Auskunft: *Place de l'Europe | Tel. 05 56 03 21 01 | Fax 05 56 03 11 89 | www.lacanau.com*

MONTALIVET-LES-BAINS [120 B6]

Seit den Fünfzigerjahren ist der knapp 40 km nordwestlich gelegene Ort (1900 Ew.) ein Ziel für FKK-Anhänger. Außerhalb der einschlägigen Ferienanlagen wird Nacktbaden auch an der *Plage du Gressier* toleriert. Das 5 km entfernte *Euronat (Grayan-L'Hôpital | Tel. 05 56 09 33 33 | Fax 05 56 09 30 27 | www.euronat.net)* ist das größte FKK-Zentrum Europas. Es besitzt ein eigenes Thalassozentrum. Auskunft: *Vendays Montalivet, 62, Avenue de l'Océan | Tel. 05 56 09 30 12 | Fax 05 56 09 36 11 | www.ot-vendays-montalivet.fr*

PHARE DE CORDOUAN ⭐ [120 B5]

Der Leuchtturm aus dem 16. Jh. im Mündungsbereich der Gironde war früher bei Ebbe zu Fuß erreichbar, liegt heute aber von Wellen umspült 7 km vor der Küste. Er ist der älteste noch in Betrieb stehende Leuchtturm in Europa. Den 67,5 m hohen Turm kann man per Ausflugsboot besichtigen und auch die 311 Stufen erklimmen. In den sechs Etagen wurde außer einer Kapelle auch eine Königssuite eingerichtet, falls der Monarch vorbeischauen sollte. Die „Vedette Jules Verne" steuert den Turm von Royan aus an. Der Ausflug dauert vier Stunden *(obligatorische Anmeldung unter Tel. 05 56 09 62 93 oder 06 81 84 47 80).*

SOULAC-SUR-MER [120 B5]

Das nördlichste Seebad (2900 Ew.) der Côte d'Argent gut 50 km nördlich von Pauillac vereint mit Dünen, Pinienwald, Meer und Kasino alle

Angenagte Buhnen am Atlantik:
Die Kraft des Ozeans war stärker

Vorzüge der Silberküste. Die *Plage Centrale* ist durch eine Sandbank und Wellenbrecher geschützt. Das 🔊 *Océan Hôtel Amélie (21 Zi. | Tel. 05 56 09 78 05 | Fax 05 56 09 75 41 | www.oceanhotelamelie.com | €€)* mit Pool und Spielplatz liegt 900 m vom Strand im Wald. Auskunft: *68, Rue de la Plage | Tel. 05 56 09 86 61 | Fax 05 56 73 63 76 | www.soulac.com*

> SCHICKE SEEBÄDER AN SCHROFFER KÜSTE

Im französischen Baskenland: exklusive Badeorte, pittoreske Fischerdörfer – und im Hinterland locken die Pyrenäen

> **Kurz vor Biarritz verändert sich die Landschaft: Die weiten Sandstrände der Landes werden von der felsigeren baskischen Küste abgelöst, die (auf französischer Seite) nur 30 km lang ist.**

Glamouröser wird es außerdem: In Biarritz trifft sich seit jeher die bessere Gesellschaft – früher Europas Aristokratie, heute Filmstars und Geldadel. Und Saint-Jean-de-Luz erinnert weniger an die familiären Seebäder der nördlicheren Atlantikküste

als an die schicken Ferienorte am Mittelmeer.

Auch sonst verändert sich einiges: Viele Schilder sind zweisprachig beschriftet – in Französisch und *euskara,* der baskischen Sprache –, und in den Namen tauchen plötzlich auffällig viele „x" und „k" auf. Anders als auf der spanischen Seite gibt es im französischen Baskenland aber keine Separatismusbestrebungen. Einzig der Wunsch nach einem eige-

Bild: Biarritz

CÔTE BASQUE

nen Département wird immer wieder geäußert – und die baskische Sprache, die schon unterzugehen drohte, wird liebevoll gepflegt.

BIARRITZ

 KARTE IN DER HINTEREN UMSCHLAGKLAPPE

[124 B5] Blühende Hortensien, steile Gassen, schöne Geschäfte und immer neue Blicke aufs Meer: Das Seebad und Wellen-

reiterdorado Biarritz (30 000 Ew.) ist eine der Perlen der Atlantikküste. 2000 Stunden pro Jahr scheint die Sonne auf die Grande Plage. Seinen alten Glanz hat Biarritz durch neuen, frischen Glamour aufgefrischt. Napoleon III. und seine Kaiserin Eugénie – die sich schon vor ihrer Hochzeit in den Fischerort verliebt hatte – brachten es in Mode. Der Hofstaat folgte ihnen in die Ferien, bald schauten Könige und Zaren vorbei, und Biarritz wurde zu einem frühen Treffpunkt der internationalen Hautevolee. Außer Thalassotherapie, Golf und Wellenreiten gehören Pelotaspiele und baskische

der wichtigsten Museen für asiatische Kunst in Europa. *1, Rue Guy Petit | Juli/Aug. tgl. 10.30–18, sonst 14–18 Uhr | www.museeasiatica.com*

Spanien ist nicht mehr weit: Tapas in der Bar Jean bei den Markthallen von Biarritz

Kraftwettkämpfe zu den touristischen Attraktionen der Stadt.

■ SEHENSWERTES ■

CHAPELLE IMPÉRIALE

Die Kaiserliche Kapelle wurde 1864 in romanisch-byzantinischem Stil mit maurischen Elementen für Kaiserin Eugénie errichtet. *Rue Pellot | Juli/Aug. Di, Do, Sa 15–19, Sept. Di, Do und Sa, Okt. Do und Sa 15–18 Uhr*

Insider Tipp MUSÉE ASIATICA

Mit über 1000 Exponaten aus Indien, Tibet, Nepal und China ist dies eines

MUSÉE DU CHOCOLAT

Geschichte und Kunst der Schokoladenherstellung. *14–16, Avenue Beaurivage | Juli/Aug. tgl. 10–18.30, sonst Mo–Sa 10–12.30 und 14.30 bis 18.30 Uhr | www.lemuseeduchocolat.com*

MUSÉE HISTORIQUE DE BIARRITZ

Geschichte der Anfänge und Glanzzeiten der Stadt in der alten anglikanischen Kirche. *Rue Broquedis | Di bis Sa 10–12.30 und 14–18.30 Uhr*

MUSÉE DE LA MER

Mehr als 150 Fischarten und was sonst noch im Golfe de Gascogne

> www.marcopolo.de/frankreichatlantik

lebt. Besonders bei Kindern beliebt ist die Seehundfütterung. *Esplanade du Rocher de la Vierge | Juli/Aug. tgl. 9.30–24, Juni und Sept. 9.30–19, Okt.–Mai Di–So 9.30–12.30 und 14 bis 18 Uhr | www.museedelamer.com*

PHARE SAINT-MARTIN ☀

1834 errichtet, erhebt sich der 44 m hohe, weiße Leuchtturm auf dem Berg Saint-Martin, der die Sandstrände der Landes von der felsigen baskischen Küste trennt. Den Aufstieg über die 248 Stufen belohnt ein toller Blick bis nach Spanien. *Juli/Aug. tgl. 10–12.30 und 14.30–19 Uhr, sonst nach Anmeldung | Tel. 05 59 22 37 10*

ROCHER DE LA VIERGE ☀

Die Eisenbrücke, die den Fels in der Brandung mit dem Festland verbindet, soll Gustave Eiffel entworfen haben. Die Statue der Jungfrau Maria bewacht seit 1865 den Felsen.

■ ESSEN & TRINKEN ■

CHEZ ALBERT

Fisch und Meeresfrüchte im ehemaligen Fischerhafen. *Mi (außer Juli/Aug.) geschl. | Port des Pêcheurs | Tel. 05 59 24 43 84 | www.chezalbert.fr | €€*

BAR JEAN

Insider Tipp

Gleich bei den Markthallen; Frühstück und Tapas, ideal, um das Geschehen zu beobachten. *Tgl. | 5, Rue des Halles | Tel. 05 59 24 80 38 | €*

JERÔME

Insider Tipp

Von außen sieht diese postmoderne Eisdiele aus wie ein Kochstudio, innen beweisen Sorten wie „Neige de Sahara" (Zitrone und Orangenblüte) sowie „Salty Dog" (rosa Grapefruit, Wodka und Bisonkraut), dass die Herstellung von Eiscreme eine Kunst ist. *8, Avenue de Verdun*

CHEZ JOEL D

Schönes, kleines Austern- und Meeresfrüchterestaurant 200 m von der Grande Plage. Auch sehr gute *foie gras. Tgl. | 4, Passage Gardères | Tel. 05 59 22 31 32 | €€*

LA PLANCHA D'ILBARITZ ▶▶

Außerhalb in Bidart gleich am Strand gelegen. Hier trifft man sich zum

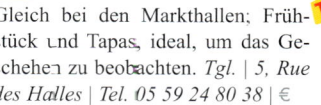

MARCO POLO HIGHLIGHTS

Sundowner. Keine Reservierung! *Tgl.* | *Avenue d'Ilbaritz* | €

SAINT AMOUR
Winzig kleines Lokal mit traditioneller französischer Küche. *So/Mo geschl.* | *26, Rue Gambetta* | *Tel. 05 59 24 19 64* | €€

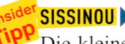

SISSINOU ▶▶
Die kleine Karte umfasst nur je fünf Fisch- und Fleischgerichte, und von außen wirkt das Sissinou unauffällig, doch innen genießt man eine ungemein kreative Küche. *Sept.–Juli So/Mo geschl.* | *5, Avenue Maréchal Foch* | *Tel. 05 59 22 51 50* | €€€

■ EINKAUFEN ■
Das Angebot in Biarritz ist verführerisch. Jeden Vormittag lockt der Markt in den beiden von Jazzmusik beschallten Hallen (Fisch, Lebensmittel), davor Stände mit Kleidung. Bunte baskische Tischwäsche nicht nur in den traditionellen Streifen-

mustern z. B. bei *Moutet Tissage (2, Avenue Maréchal Foch)*. Köstlichen Käse gibt es bei *Mille et un Fromage (8, Avenue Victor Hugo)*. Schokolade, Pralinen und vieles Köstliche mehr stellt *Chocolatier Henriet (Place Clemenceau)* her. Die außerhalb in Bidart gelegene *Fabrik (3, Avenue De Bassilour | Tel. 05 59 47 58 58)* können Sie nach Anmeldung besichtigen.

■ ÜBERNACHTEN ■

ALCYON ⟫
Kleines Hotel mit hübschem, hellem Frühstücksraum. *15 Zi.* | *8, Rue Maisor Suisse* | *Tel. 05 59 22 64 60* | *Fax 05 59 22 64 64* | *www.hotel-alcyon-biarritz.com* | €€

HOTEL ANJOU
Schlicht eingerichtetes, aber freundliches und gepflegtes Hotel 300 m vom Strand. Einige Zimmer haben Balkon oder Meerblick. *30 Zi.* | *18, Rue Gambetta* | *Tel. 05 59 24 00 93* | *www.hotel-anjou.fr* | €–€€

Urlaubsvergnügen Open-Air-Shopping: Kunstmarkt bei der Grande Plage in Biarritz

CÔTE BASQUE

LE CARITZ

Am Strand des Alten Hafens liegt dieses kleine Hotel. Im guten Restaurant wird baskische Küche serviert – bei schönem Wetter auch auf der großen Terrasse. *10 Zi., 2 Suiten | Plage du Port Vieux | Tel. 05 59 24 41 84 | Fax 05 59 24 19 41 | www.lecaritz.com | €€€*

CHÂTEAU DU CLAIR DE LUNE

Ein Landschlösschen mit Restaurant nebenan; am Stadtrand gelegen. *19 Zi. | 48, Avenue Alan Seeger | Tel. 05 59 41 53 20 | Fax 05 59 41 53 29 | www.chateauduclairdelune.com | €€€*

HOTEL DU PALAIS ⭐

Schlafen wie ein Kaiser: Das zu den „Leading Hotels of the World" gehörige Haus war die Sommerresidenz von Napoleon III. und Kaiserin Eugénie. Eher prunkvoll als stylish. Mit Pool, Spa und drei Restaurants. *154 Zi. | 1, Avenue de l'Impératrice | Tel.*

05 59 41 64 00 | Fax 05 59 41 67 99 | www.hotel-du-palais.com | €€€

■ SPORT & STRÄNDE ■

Größter und schönster Strand ist die ⭐ ▶▶ *Grande Plage,* die sich vom Hotel du Palais bis zum Bellevue erstreckt. Allerdings ist das Meer hier alles andere als zahm, dafür aber ein ausgezeichneter Surfplatz. An der *Plage Miramar* ist das Surfen wegen starker Strömungen verboten. Wellenreiter lieben den Strand *La Côte des Basques.* Der Strand *Le Port Vieux* liegt geschützt und eignet sich gut zum Schwimmen. Das finden allerdings auch viele Hunde. Glamourös geht es an den Stränden *Marbella* und *Milade* zu, die ebenfalls Surferreviere sind.

Wellenreiten gehört zu Biarritz wie Salz zum Meer. Unterricht bieten mehrere Schulen. Für Golfer gibt es zehn Plätze in und um Biarritz. Der ==Golf Pass== gewährt Zugang zu fünf **Insider Tipp** Plätzen, Information bei Golf Biarritz Le Phare.

Reiter wenden sich an den *Club Hippique de Biarritz (Allée Gabrielle Dorziat | Tel. 05 59 23 52 33).* Im Port des Pêcheurs sind drei Tauchschulen ansässig, im Kasino gibt es ein beheiztes Meerwasserschwimmbad für kühle Tage. Wer sich im Pelotaspiel üben will, geht z. B. zum *Biarritz Atlétic Club (Parc des Sports d'Aguiléra).*

■ AM ABEND ■

Die ▶▶ *Bar Royalty (Place Clemenceau,* besitzt eine schöne Terrasse. Im Restaurant ▶▶ *Ô Saint (Rue Gambetta | Tel. 05 59 24 06 36)* schiebt man zu späterer Stunde die Tische an

die Wand und tanzt. Dem *Spielkasino* im Art-déco-Stil an der Promenade sind die Disko *Le BL* und die Loungebar *Carré Coast* angeschlossen. Angesagte Clubs sind *Le Copa (24, Avenue Édouard VIII), Le Caveau (4, Rue Gambetta), Ibiza (Grande Plage)* und *Blue Cargo (Avenue Ilbaritz)*.

■ AUSKUNFT ■

Square d'Ixelles | Tel. 05 59 22 37 10 | Fax 05 59 24 97 80 | www.biarritz.fr

■ ZIELE IN DER UMGEBUNG ■

BAYONNE   [124 B5]

Der Hafen von Bayonne (43 000 Ew.) an der unteren Adour war seit 1784 Freihandelszone und wichtiger Umschlagplatz für den Handel mit den Antillen, Spanien und Holland. Auch mit dem Waffenhandel brachte es die 10 km östlich von Biarritz gelegene Stadt zu Wohlstand: Hier wurde das Bajonett erfunden und in großer Zahl in die ganze Welt verkauft.

Sehenswert sind die schöne Altstadt, die gotische *Kathedrale Sainte-Marie (Place Pasteur | Mo–Sa 7.30 bis 12 und 15–19, So 15.30–20 Uhr)* und das *Musée Basque (37, Quai des Corsaires | Juli/Aug. Do–Di 10 bis 18.30, Mi 10–21.30, sonst Di–So 10 bis 18.30 Uhr | www.musee-basque. com),* das der baskischen Kultur gewidmet ist. Lohnend ist außerdem das *Musée Bonnat (5, Rue Jacques Laffitte | Juli/Aug. Do–Di 10–18.30, Mi 10–21.30, Mai/Juni und Sept./ Okt. Mi–Mo 10–18.30, Nov.–April Mi–Mo 10–12.30 und 14–18 Uhr | www.musee-bonnat.com)* mit Werken von Goya, Rubens, Degas und El Greco.

Bayonnes Altstadt ist mit ihren stolzen Patrizierhäusern und baskischen Fachwerkbauten mit bunten Fensterläden ein schöner, lebhafter Ort zum Schlendern und Shoppen. Insbesondere viele *chocolatiers* sind hier ansässig, z. B. die Filialen des *Atelier du Chocolat (2, Rue des Carmes)* und mehrere gute Adressen an der *Rue Port-Neuf,* seit im 17. Jh. im Hafen Kakaolieferungen gelöscht wurden.

> FORCE BASQUE

Nichts für Weicheier: Sport auf Baskisch

Archaisch sind die Sportarten, die die Basken von alters her pflegen: Tauziehen *(soka-tira),* Holzhacken *(aizkolariak),* das Drehen eines schweren Karrens um die eigene Achse *(orga joko)* und Steinestemmen *(harri altxatzea)* – und zwar ernsthaft stemmen: Es handelt sich um Exemplare von mehreren Hundert Kilogramm Gewicht. Was seinen Ursprung in den Erfordernissen des bäuerlichen Alltags hat, wird heute im Rahmen der *force basque,* streng reglementierter Wettkämpfe, von den Mannschaften baskischer Dörfer ausgefochten. Am bekanntesten ist das Festival der *force basque* in Saint-Palais im August. Den traditionellen Ballsport der Basken können auch Menschen ohne auffällige Muskelpakete ausüben: Pelota, eine Art baskisches Squash, das zwei Teams am *frontón,* einer hohen Wanc, spielen.

CÔTE BASQUE

Ex-Pelota-Profi Jean-Pierre Marmouyet hat sein Restaurant 🔊 *Le Chistera (außerhalb der Saison Di-Abend, Mi-Abend und Mo geschl. | 42, Rue Port-Neuf | Tel. 05 59 59 25 93 | www.lechistera.com | €)* mit allerlei sportlichen Devotionalien eingerichtet und pflegt eine bodenständige, preiswerte baskische Küche. Die schönsten Plätze sind draußen unter den zwei Jahrhunderte alten Arkaden. Ambitioniert ist die regional geprägte, michelinbesternte Küche in der *Auberge du Cheval Blanc (Sa-Mittag, So-Abend und Mo geschl. | 68, Rue Bourgneuf | Tel. 05 59 59 01 33 | €€€).* Probieren Sie hier die eingemachte Ente! Auskunft: *Place des Basques | Tel. 08 20 42 64 64 | Fax 05 59 59 37 55 | www.bayonne-tourisme.com*

CAPBRETON   [124 B4]

Der Badeort, Fischer- und Yachthafen (4800 Ew.) mit vielen Möglichkeiten, Wassersport zu treiben, mit 19 Tennisplätzen und einem Kasino liegt 25 km nördlich von Biarritz. Anschaulich informiert das *Écomusée de la Pêche (Place de la Liberté | Juli/Aug. tgl. 10–20, April bis Juni und Sept. 14–18.30 Uhr | www. ecopeche.fr)* samt Aquarium über Meeresfauna und Geschichte der Fischerei.

Ein modernes Hotel mit Spa und Außenpool ist das *Cap Club Hotel (75 Zi. | 85, Avenue de Lattre de Tassigny | Tel. 05 58 41 80 00 | Fax 05 58 41 80 41 | www.capclubhotel. com | €€€).* Auskunft: *Avenue du Président Pompidou | Tel. 05 58 72 12 11 | Fax 05 58 41 00 29 | www.capbreton-tourisme.com*

DAX   [124 C4]

Hier plantschten schon die Römer: Der älteste Badeort Frankreichs (20 000 Ew.) liegt gut 50 km nordöstlich von Biarritz. Bis heute ist Dax

Spuckt im Jahr über 900 Mio. l heißes Wasser: Löwe an der Fontaine Chaude in Dax

berühmt für seine Thermalquellen. Zudem sind einige Überbleibsel aus römischer Zeit zu sehen. Auskunft: *11, Cours Foch | Tel. 05 58 56 86 86 | Fax 05 58 56 86 80 | www.dax-tourisme.com*

HOSSEGOR ⭐   [124 B4]

Hossegor ist nur durch einen Seitenarm der Adour vom südlich gelegenen Capbreton getrennt. Vor seiner Mündung erweitert sich der Fluss zum Lac d'Hossegor, an dessen Ufer sich in den Zwanziger- und Dreißigerjahren Prominenz und Geldadel niederließen. Heute ist es **eine der Topadressen der Welt für Wellenreiter** – weil das Meer hinter den Sandbänken steil abfällt, sodass sich besonders hohe Wellen aufbauen. Golf, Surfen, Tennis und Fahrradfahren gehören außer dem Wellenreiten zum Freizeitangebot.

Insider Tipp

Gediegene Landhausatmosphäre verströmt das *Las Hortensias du Lac (18 Zi. | 1578, Avenue du Tour du Lac | Tel. 05 58 43 99 00 | Fax 05 58 43 42 81 | www.hortensias-du-lac.com | €€€)* am Seeufer. Leser der „Stadtgeschichten" von Armistead Maupin werden sich im Hotel *Barbary Lane (18 Zi. | 156, Avenue de la Côte d'Argent | Tel. 05 58 43 46 00 | www.barbary-lane.com | €€)* wohlfühlen, das **dem Hauptschauplatz dieses Werks nachempfunden** ist. Auskunft: *Place des Halles | Tel. 05 58 41 79 00 | Fax 05 58 41 79 09 | www.hossegor.fr*

Insider Tipp

SAINT-JEAN-DE-LUZ

[124 B5] ⭐ **10 km vor der spanischen Grenze liegt der wunderschöne Fischer- und Badeort Saint-Jean-de-Luz (13 000 Ew.).** Das Erbe des einstigen Walfängerdorfs ist lebendig geblieben: In fast jeder Familie arbeitet noch mindestens eine Person als Fischer. Hinter dem Hafen verbirgt sich die Altstadt; dahinter liegt der Strand, den Dämme vor der Gewalt des Atlantiks

schützen. 2 km vor der Küste werden die höchsten Wellen des Atlantiks gemessen. Wellenreiter lassen sich auf Jetski oder sogar per Helikopter dorthin bringen.

1660 wurde in Saint-Jean-de-Luz Weltgeschichte geschrieben: Der Sonnenkönig Louis XIV heiratete hier die spanische Infantin Maria Theresia, eine Allianz, die nach 24 Jahren Krieg den Frieden zwischen beiden Ländern besiegelte und Frankreich die Vormachtstellung in Europa sicherte. Heute ist der Ort mit dem am linken Ufer des Flusses Nivelle gelegenen *Ciboure* (6000 Ew.) fast zusammengewachsen.

■ SEHENSWERTES ■

HAFEN

Saint-Jean-de-Luz war immer schon reich: Die Villen am Hafen bauten wohlhabende Schiffseigner. Ihre Fassaden zeigen einen bunten Stilmix, der von der Weltläufigkeit der Besitzer zeugen sollte. Fast jedes Haus hat einen Aussichtsturm zum Hafen, von dem man nach Feinden und heimkehrenden Schiffen Ausschau hielt.

MAISON LOUIS XIV

40 Tage verbrachte der Monarch in diesem 1643 erbauten Haus, um sich auf seine Hochzeit vorzubereiten. Möbel aus der Epoche und eine Ausstellung veranschaulichen die legendäre Heirat und die Geschichte der Stadt. *Place Louis XIV | Juni–Sept. tgl. 10.30–12 und 14.30–17.30 (Juli/ Aug. bis 18.30) Uhr*

PLACE LOUIS XIV

Mit Cafés, Bars und dem Musikpavillon in der Mitte bündelt die Place

Louis XIV den Charme des Südens. Im Schatten der Platanen stellen Maler ihre Staffeleien auf, ringsum nippt man am Pastis. Auch das Haus, in dem der Sonnenkönig logierte, steht hier.

SAINT-JEAN-BAPTISTE

Die Kirche aus dem 17. Jh. mit dem kurzen, achteckigen (Wach-)Turm

für mit gegrilltem Fisch. *Nov.–April So-Abend und Mo geschl.* | *22, Rue de la République* | *Tel. 05 59 26 89 44* | *www.restaurant-alcalde.com* | €€

LE BROUILLARTA

Preiswerte Fischgerichte in maritimem Ambiente mit Meerblick. *48, Promenade Jacques Thibaud* | *Tel.*

Maison Louis XIV: Dieses Bett erlebte eine kaiserliche Hochzeitsnacht

ersetzte die zu klein gewordene aus dem Mittelalter und wurde zur Trauung des Sonnenkönigs fertiggestellt. Außen ist sie blank und schlicht, innen demonstriert Saint-Jean-de-Luz seinen Reichtum u. a. mit einem vergoldeten Altaraufsatz.

■ ESSEN & TRINKEN ■

L'ALCALDE

Baskische Küche und Meeresfrüchte – Spezialität sind *parrilladas:* Platten

05 59 31 29 51   So-Abend und Mo geschl. | €

AUBERGE KAIKU

Sehr gute Fisch- und Lammgerichte im ältesten Teil der Stadt. *Mo geschl.* | *17, Rue de la République* | *Tel. 05 59 26 13 20* | €€

■ EINKAUFEN ■

Markt ist Di, Fr und Sa von 9 bis 13 Uhr in den Markthallen. Die meisten

Boutiquen konzentrieren sich in der *Rue Gambetta*. Heimtextilien im typisch baskischen, farbenfrohen Streifendesign führt die *Maison Charles Larre (Place Louis XIV)*. Köstliche Mandelmakronen, die schon die Hochzeitsgesellschaft des Sonnenkönigs goutiert haben soll, stellt nach unverändertem Rezept die *Maison Adam (6, Place Louis XIV)* her. Probieren Sie auch die in Schokolade getauchten Peperoni!

Insider Tipp

■ ÜBERNACHTEN ■

LES ALMADIES ⌇

Insider Tipp

Liebevoll ausgestattetes, kleines Hotel in der Nähe von Hafen und Strand. Schöne Holzterrasse für den Sundowner. *7 Zi. | 58, Rue Gambetta | Tel. 05 59 85 34 48 | Fax 05 59 26 12 42 | www.hotel-les-almadies.com | €€€*

OHARTZIA

Hübsches, mitten im Ort gelegenes Haus mit einfachen Zimmern. Der schattige Blumengarten ist an heißen Tagen eine Oase. *17 Zi. | 28, Rue Garat | Tel. 05 59 26 00 06 | Fax 05 59 26 74 75 | www.hotel-ohartzia. com | €€*

■ FREIZEIT & SPORT ■

Obenan stehen auch in Saint-Jean-de-Luz natürlich alle Wassersportarten. von Jetski bis Wellenreiten. Segeln, Tauchen und Wasserski können Sie im benachbarten Ciboure lernen. Einen Fahrradverleih finden Sie z. B. am Bahnhof. Golfspieler fahren zum *Golf de Chantaco (Route d'Ascain | Tel. 05 59 26 14 22 | www.golfde chantaco.com)*. Ein *Schwimmbad* erwartet Sie in der *Avenue de Chantaco*. Pelota kann man u. a. im *Trinquet Anderenia (Quartier Ametzague | Tel. 05 59 26 12 12)* spielen. Eine zweistündige Einführung *(Mo und Do, Juli/Aug. auch Mi und Sa 10 Uhr)* kann man übers Tourismusbüro buchen. Thalassotherapie: *Hélianthal | Place Maurice Ravel | Tel. 05 59 51 51 51 | www.helianthal.fr*

> LOW BUDGET

> Wie es sich für einen Surfertreffpunkt gehört, besitzt Hossegor diverse Outletstores für Surfermode. Schnäppchen macht man z. B. im Outlet von *Billabong (128, Avenue des Sabotiers | Juli/Aug. Mo–Sa 10–20, sonst 10–13 und 15–19 Uhr)* und *Quiksilver (114, Rue des Vanniers | Di–Sa 9.30–12.30 und 14–18 Uhr)*.

> Das *Museée Basque* in Bayonne sollten Sie im Juli und August am besten an einem Mittwochabend ab 18.30 Uhr besuchen – dann ist der Eintritt frei!

■ AM ABEND ■

Gezockt wird im schicken *Kasino (Place Maurice Ravel)*. Beliebte Clubs sind *Le Seven* an der Route Nationale 10 und *Mata Hari (Avenue André Ithurralde)*.

■ AUSKUNFT ■

20, *Boulevard Victor Hugo* | *Tel. 05 59 26 03 16 | Fax 05 59 26 21 47 | www.saint-jean-de-luz.com*

■ ZIELE IN DER UMGEBUNG: ■

CORNICHE BASQUE ★ ☼ **[124 A–B5]**
Südlich von Saint-Jean-de-Luz beginnt die Route de la Corniche (D 912), die entlang der zerklüfteten

CÔTE BASQUE

baskischen Küste in Richtung spanische Grenze verläuft. Außer wunderschönen Ausblicken auf den Atlantik ist hier noch viel unverbaute Küstenlandschaft zu bewundern.

HENDAYE-PLAGE [124 A5]

Kurz vor der spanischen Grenze liegt 12 km westlich von Saint-Jean-de-Luz Hendaye-Plage (11 000 Ew.), ein lebhafter, wenn auch nicht beson-

SARE UND LA RHUNE [124 B5]

14 km südlich liegt Sare (2200 Ew.), ein ruhiges baskisches Dorf. Bemerkenswert sind die *Grottes de Sare (April–Juni und Sept. tgl. 10–18, Juli/Aug. 10–19, Okt. 10–17, Nov. bis März 14–17 Uhr | www.grottesde sare.fr.),* die bereits vor 45 000 Jahren bewohnt waren. Ihre Geschichte wird mit einer Sound-und-Light-Show vermittelt.

Von der Côte Basque geht es hinauf in die Bergwelt der Pyrenäen

ders eleganter Badeort. Zu den Vorzügen gehören der breite, 3 km lange Strand mit seiner für die Gegend moderaten Brandung sowie einige schöne alte Villen in blühenden Gärten. Auskunft: *67, Boulevard de la Mer | Tel. 05 59 20 00 34 | Fax 05 59 20 79 17 | www.hendaye-touris me.fr*

In der Nähe, am Pass Saint-Ignace, ist der Bahnhof des *Petit Train de la Rhune.* Diese Zahnradbahn führt auf den 900 m hohen ❄ Pyrenäenberg, der bereits auf spanischem Territorium liegt. *April–Sept. tgl., Okt. Di/Mi und Fr–So 10 und 15 Uhr, im Sommer öfter | 14 Euro, Kinder (4 bis 10 Jahre) 8 Euro | www.rhune.com*

> GROSSE WEINE UND BASKISCHE DÖRFER

Eine Tour ins Hinterland des Bordelais und eine hinauf auf die ersten Höhen der Pyrenäen

Die Touren sind auf dem hinteren Umschlag und im Reiseatlas grün markiert

1 DIE PROBIERTOUR: GRAVES, SAUTERNES UND ENTRE-DEUX-MERS

Sie haben keine Lust mehr auf schwere Rotweine? Dann suchen Sie Ihr Glück auf der Graves- und Entre-Deux-Mers-Route! Die trockenen Weißen mit der Herkunftsbezeichnung Pessac-Léognan und die edelsüßen Weine von Barsac und Sauternes sind die einzigen klassifizierten Weißen der Region. Bordeaux ist der Ausgangspunkt dieser 180-km-Tour in die Landschaften Graves, das sich im Süden von Bordeaux bis nach Langon am linken Ufer der Garonne erstreckt, und Entre-Deux-Mers, das sich nicht zwischen zwei Meeren, sondern zwischen den Flüssen Garonne und Dordogne ausbreitet. Rechnen Sie drei Tage zum Schauen und Probieren und um die Landschaft in Ruhe genießen zu können. Eilige schaffen die Strecke mit Besichtigungen auch in zwei Tagen.

Unweit von Bordeaux (S. 66) beginnt die Route des Grands Crus Classés

Bild: baskische Pyrenäen

AUSFLÜGE & TOUREN

aus dem Anbaugebiet Pessac-Léognan. Fahren Sie vom Zentrum in Richtung Pessac, dann geht es durch idyllische Landschaft nach Léognan und auf der D 109 weiter in Richtung Martillac. In **La Brède** sollten Sie einen Hausbesuch beim Baron de Montesquieu im **Wasserschloss** *(S. 71)* des berühmten Staatstheoretikers einplanen.

Von hier aus geht es weiter auf der N 113 durch das Anbaugebiet Graves, wo aromatische Rotweine und ele-

gante trockene, aber auch liebliche Weiße gekeltert werden. In **Podensac** ist der nach Plänen von Le Corbusier erbaute Wasserturm **Belvédère** zu bewundern. Außerdem ist dies die Heimat des Aperitifs Lillet, einer Mischung aus Wein und Fruchtlikör. Brennerei und Weinkeller sind zu besichtigen *(**Maison de Lillet** | RN 113 | Mitte Juni–Mitte Sept. tgl. 10–18 Uhr | www.lillet.com)*. Eine schöne Adresse zum Übernachten ist das

Château du Broustaret *(5 Zi. | 1, Truilley | Tel. 05 56 62 96 97 | www.brousta ret.net | €),* ein Herrenhaus aus dem 19. Jh. in einem Park in **Rions**. Um es zu erreichen, müssen Sie hinter Podensac ans rechte Ufer wechseln.

Am nächsten Morgen folgen Sie – nun wieder am linken Ufer der Garonne – der N 113 weiter in Richtung **Cérons, Barsac** und **Sauternes,** weltberühmte Anbaugebiete edelsüßer Weißweine, die hervorragend zu Gänsestopfleber oder würzigem Käse passen. Ihre Herstellung ist mühsam: Die Erträge der Trockenbeerenauslesen sind so gering, dass jeder Weinstock nur ungefähr ein Glas hervorbringt – das schlägt sich natürlich im Preis nieder … Bei Langon fahren Sie wieder über die Garonne. In **Saint-Macaire** gleich hinter Langon sind die **Stadttore** aus dem 14. Jh. und die **Kirche Saint-Sauveur** sehenswert.

Nun verlassen Sie das Anbaugebiet Graves nach Nordosten über die D 672 in Richtung Sainte-Foy-La-Grande und gelangen ins Entre-Deux-Mers, das weitläufigste Anbaugebiet des Bordelais. Hier können Sie in **Saint-Martin-de-Lerm** in den ehemaligen Ställen des Pachthofs *La Lézardière (5 Zi. | 9, Boimier | Tel. 05 56 71 30 12 | http://lalezardiere.fr ee.fr | €)* aus dem 17. Jh. übernachten.

Insider Tipp

Über **Saint-Michel-de-Montaigne,** die Heimat des berühmten Essayisten, und Castillon-la-Bataille an der D 936 erreichen Sie wieder Bordeaux.

2 IN DIE BASKISCHEN PYRENÄEN

Mit seinen gepflegten Dörfern aus weiß gekalkten Häusern und dem typischen roten Fachwerk zwischen grünen Mittelgebirgszügen lohnt das baskische Hinterland einen längeren Ausflug. Von Saint-Jean-de-Luz geht es über baskische Bilderbuchdörfer nach Cambo-les-Bains und Saint-Jean-Pied-de-Port. Die Tour ist etwa 160 km lang, führt aber durchs Gebirge. Lassen Sie sich Zeit, und erforschen Sie die wunderschöne Landschaft auch mal zu Fuß: Dann können Sie in zwei, drei Tagen eine Menge sehen.

Über die D 4 erreichen Sie **Ascain**. Das Dorf liegt 6 km von der Küste am Fluss Nivelle, der hier so lebhaft rauscht, wie Rafter es sich wünschen. Eine restaurierte römische Brücke überspannt den Fluss. Sehenswert ist die Kirche aus dem Mittelalter. Weiter über die D 4 passieren Sie **Sare** *(S. 91)* und erreichen **Ainhoa,** das zu einem der schönsten Dörfer Frankreichs gekürt wurde. Es wurde schon im 12. Jh. als Etappenziel für Pilger auf dem Jakobsweg gegründet. Der *fronton,* der Pelotaplatz mit Mauer, gehört ebenso in diese baskische Idylle wie ein fünfstöckiger ☀ **Glockenturm** und die Kapelle **Notre-Dame d'Aranzazu** mit vergoldeten Holzschnitzereien. Baskische Küche auf hohem Niveau pflegt das Restaurant **Ithurria** *(tgl. | Place du Fronton | Tel. 05 59 29 92 11 | www.ithurria.com | €€–€€€),* das in einem restaurierten Pilgergasthaus liegt und auch über 27 schöne Zimmer verfügt.

Mit den roten Peperonischoten, die im Herbst zum Trocknen an allen Hauswänden hängen, ist **Espelette,** das Sie über die D 20 erreichen, eines der herausragenden Fotomotive der Region. Übernachten können Sie im *Hotel Euzkadi (27 Zi. | 285, Karrika Nagusia | Tel. 05 59 93 91 88 | Fax*

05 59 93 90 19 | *www.hotel-restaurant-euzkadi.com* | €) im baskischen Stil mit Restaurant *(Mo/Di geschl.)*.

Cambo-les-Bains nur wenige Kilometer hinter Espelette ist ein traditionsreicher Kurort mit Unter- und Oberstadt. Sehenswert ist die prächtige **Villa Arnaga** *(Route du Docteur Camino | Juli/Aug. tgl. 10–19, April bis Juni und Sept. 10–12.30 und 14.30–19, Okt. 14.30–19, Mitte–Ende März 14.30–18 Uhr | www.arnaga. com)* mit einer wunderbaren Bibliothek, vielen Gemälden und einer gezirkelten Gartenanlage.

30 km weiter die Pyrenäen hinauf, erreichen Sie auf der D 918 **Saint-Jean-Pied-de-Port,** ein schönes, in der Saison viel besuchtes Städtchen 8 km vor der spanischen Grenze. Außer massiven Befestigungsmauern erinnert eine Zitadelle an die ständige Bedrohung, die die Grenzlage in früheren Zeiten bedeutete. Ein stilvolles Hotel mit Gourmetrestaurant (baskische Küche) und Pool ist das **Les Pyrénées** *(21 Zi. | 19, Place du Général-deGaulle | Tel. 05 59 37 01 01 | Fax 05 59 37 18 97 | www.hotel-les-pyrenees.com | €€€).*

Vor Saint-Jean nehmen Sie die **Route Impériale des Cimes** (D 22) Richtung Küste. Kurz vor Hasparren geht es rechts ab zu den **Grottes d'Isturitz et d'Oxocelhaya** *(Juli/Aug. tgl. 10–13 und 14–18 Uhr, Juni und Sept. tgl. Führungen um 11, 12, 14 und 17, März bis Mai und Okt./Nov. tgl. 14–17 Uhr | www.grottes-isturitz.com):* In der Letzteren sind Tropfsteinformationen zu sehen, in Isturitz Felsgravuren aus der Frühzeit. Nun sind es noch 30 km bis nach **Bayonne** *(S. 86)* und noch einmal 20 km nach Saint-Jean-de-Luz.

Die römische Brücke in Ascain überspannt die bei Raftern beliebte Nivelle

EIN TAG RUND UM BORDEAUX

Action pur und einmalige Erlebnisse.
Gehen Sie auf Tour mit unserem Szene-Scout

GUTEN MORGEN!

8:30

Kickstart mit Aussicht: Das *Café de la Plage* in Arcachon trägt seinen Namen nicht umsonst – kaum eine andere Frühstückslocation kann mit dieser Strandnähe konkurrieren. Los gehts natürlich mit frischen Croissants, süßen Marmeladevariationen und einem leckeren Kaffee. **WO?** *1, Boulevard Veyrier-Montagnères | Tel. 05 56 22 52 94 | www.cafedelaplage.com*

10:00

HIMMELSSTÜRMER

Hoch hinaus: 10 km südlich von Arcachon, beim Campingplatz *La Forêt*, erobern Abenteurer die Lüfte! Beim Tandem-Paraglide-Rundflug mit einem erfahrenen Guide verschaffen sich Schwindelfreie einen phantastischen Überblick über die Dune du Pilat, die erst von hier oben ihre unglaublichen Ausmaße preisgibt. **WO?** *Sand Fly | Camping La Forêt an der D 218 | Kosten: 70 Euro/20 Min. | Anmeldung unter www.sand-fly.com*

FRISCH AUF DEN TISCH

12:30

Fangfrische Fischspezialitäten locken Gourmets in Arcachon ins *Diego Plage* mit Blick auf den Strand. Auf der großen Terrasse findet sich immer ein Plätzchen, um das Tatar vom roten Thunfisch, in Sesamöl mariniert mit Auberginenmus, zu genießen. **WO?** *Boulevard Veyrier-Montagnères | Tel. 05 56 83 84 46 | www.diegoplage.com*

14:00

FEUERTAUFE IM MEER

Die beiden sympathischen Tauchlehrer Thiébaud und Pascal nehmen sich Zeit, um Neugierige mit der Faszination des Tauchens vertraut zu machen. Bei der Einzeleinweisung lernt man die Unterwasserwelt kennen und respektieren. **WO?** *Eco-Sub am Strand Le Gallais | Arcachon | Anmeldung unter Tel. 06 19 60 80 38 oder eco-sub@plongee.net | Kosten: 40 Euro/Std.*

24 h

WEIN-TASTING

17:00

Die stylishe Weinbar *Le Bar à Vin* in Bordeaux ist ein exzellenter Ausgangspunkt für eine Entdeckungsreise durch die Vielfalt der edlen Tropfen. Ein professioneller Sommelier berät gerne bei der Auswahl und gibt wertvolle Tipps. Nach dieser Degustation ist jeder Laie bestens gerüstet, um auf eigene Faust die Weine der Region zu entdecken. **WO?** *Conseil Interprofessionnel du Vin de Bordeaux | 3, Cours du 30 Juillet | Tel. 05 56 00 43 47 | http://baravin.bordeaux.com*

18:30

KUNSTVOLL ABHÄNGEN

„Rasen betreten verboten"? Diese Zeiten sind im *Jardin Public* längst passé! Immer wechselnde Ausstellungen und Installationen machen den Park nicht nur zu einem Ort der Ruhe, wo Hören, Sehen und Fühlen großgeschrieben werden, sondern auch zu einer Begegnungsstätte. **WO?** *Rue du Champ de Mars*

DÎNER MIT FAMILIENANSCHLUSS

20:30

Die Familie Plouc lässt bitten! Im Restaurant *Chez les Ploucs* stimmen die Gäste bei traditionellen Gerichten wie Mutter Ploucs berühmtem *Cassoulet*-Eintopf und Omis süßem *Pain Perdu* zu den Akkordeonklängen von Onkel Casimir in volkstümliches Liedgut ein. **WO?** *10, Rue des Faussets | Tel. 05 56 52 35 36 | www.chez-les-ploucs.com*

23:00

DER MIX MACHTS!

Doppelt gefeiert hält besser. Elektrojünger, Studis und Rocker in einem Club? Im *Le 4 Sans* ist das möglich. Während im Saal auch mal Rock- und Jazzkonzerte die Stimmung zum Brodeln bringen, geht es in der Bar meist elektronisch zur Sache. Szenegrößen wie Carl Cox oder Laurent Garnier geben hier öfter Gastspiele. **WO?** *40, Rue d'Armagnac | Tel. 05 56 49 40 05 | www.le4sans.com*

> ZWISCHEN WIND UND WELLEN

Einzig die Zeit setzt Ihrem Bewegungsdrang an der Atlantikküste Grenzen

> **Langweilen werden Sie sich hier bestimmt nicht! Sportliche Aktivitäten zählen ebenso zum touristischen Kapital der Französischen Atlantikküste wie ihre weiten Strände.**

An diesen und an den Seen des Hinterlands vor allem an der Côte d'Argent erwartet Sie eine hervorragende Infrastruktur für alle Wassersportarten. Hinzu kommen ein gut ausgebautes Netz an Rad- und Reitwegen und jede Menge Golfplätze.

Bild: Golfplatz in Moliets an der Côte d'Argent

■ ANGELN ■

Während der Hauptsaison ist in vielen Badeorten das Angeln vom Strand oder von Klippen aus nicht erlaubt. Ideal zum Angeln von Süßwasserfischen sind die Seen im Hinterland sowie Kanäle und Flüsse. In vielen Küstenhäfen werden Angeltouren aufs Meer angeboten. Eine Angelerlaubnis, die nur für die Binnenseen erforderlich ist, kostet für einen Tag 4–6 Euro, für ein Jahr 15 bis 25 Eu-

SPORT & AKTIVITÄTEN

ro. Allgemeine Auskünfte zu Revieren und Lizenzen bei der *Fédération Française des Pêcheurs en Mer (Tel. 05 59 31 00 73 | Fax 05 59 63 67 26 | www.ffpm-national.com)*. Karten und Informationen im Netz: *www.peche47.com*

GOLF

Golf ist ein Traditionssport vor allem an der baskischen Küste: Der zweitälteste Golfplatz Frankreichs ist *Golf de Biarritz Le Phare (www.golf-biarritz.com)*. Auch sonst herrscht an schönen Greens kein Mangel, insbesondere in und um Biarritz, wo es zehn Anlagen gibt. Kurse auch für Anfänger bieten fünf Schulen im *Centre International d'Entraînement au Golf d'Ilbarritz (Avenue du Château | Tel. 05 59 43 81 30 | Fax 05 59 43 81 31 | www.golf-ilbarritz.com)* in *Bidart*, wo Sie an der Steilküste alle Spielsituationen üben können.

KANU- & KAJAKTRIPS

Kanu- und Kajaktouren werden auf Meer, Flüssen und Seen angeboten. Das Qualitätssiegel „Point Canoë Nature" der *Fédération Française de Canoë Kayak (www.ffck.org, www.ffcanoe.asso.fr)* weist auf hohen Standard von Privatanbietern hin. Ideal für Kanu und Kajak sind etwa das Bassin d'Arcachon, der Lac d'Hourtin et de Carcans, der Lac de Lacanau und der Lac de Cazaux et de Sanguinet.

PARAGLIDING

Über der Dune du Pilat erleichtern im Sommer günstige Winde das Abheben im Para- oder Deltaglider. Die Düne ist der größte Gleitschirmgrund der Welt. Voraussetzung sind starke Nerven und eine zehnstündige Ausbildung (z. B. bei *Sand Fly École de Parapente, Arcachon | Tel. 06 63 21 27 82 | www.sand-fly.com*).

RADFAHREN

Die erhebungsarme Landschaft an der Atlantikküste eignet sich perfekt für Radwanderungen. Allein zwischen Biscarrosse und Ondres bei Capbreton gibt es 2000 km Radwege. Räder können Sie praktisch überall mieten. Einmalig in Frankreich: Die erste Fahrradstation wurde in *Créon* 25 km südöstlich von Bordeaux im Entre-Deux-Mers eröffnet. Wie an einer Skistation kann man dort eine vollständige Ausrüstung leihen. Die Touristikkarte „Radtourismus in der Aquitaine" können Sie auf der Website des Comité Régional de Tourisme d'Aquitaine *(www.tourisme-aquitaine.info)* herunterladen. Tipps und Routenvorschläge für Tou-

ren in der Vendée unter *www.velo-loisirs.fr.* Bei Nacht und bei schlechter Sicht ist außerhalb geschlossener Ortschaften das Tragen einer reflektierenden Sicherheitsweste Pflicht!

RAFTING

Vor allem auf den Flüssen im Baskenland werden Schlauchboottouren durchs Wildwasser der Pyrenäen angeboten. Auskünfte erteilt die *Ligue d'Aquitaine de Canoë-Kayak (Tel./Fax 05 57 22 29 89).* Touren auf der Nive bietet z. B. in Itxassou *Évasion Montagne Eaux Vives (Maison Errola | Tel. 05 59 29 31 69 | Fax 05 59 29 81 62 | www.evasion64.fr)* an.

REITEN

Am Strand, durch Salzmarschen, in die Weinberge oder durch die Pyrenäen – Reitern stehen 8500 km markierte Reitwege offen. Angeboten werden Ausritte und mehrtägige Reitwanderungen. Die Broschüre „Reiten in der Aquitaine" können Sie unter *www.tourisme-aquitaine.info/de/brochures.asp* herunterladen. Auskunft und Adressen beim *Comité Régional de Tourisme Equestre (Tel. 05 56 28 01 48 | Fax 05 56 16 26 55).*

SEGELN

Segelschulen und Bootsverleiher gibt es wie Sand am Meer. Adressen vermitteln die Tourismusbüros der Badeorte. Der französische Segelverband hat einige Seebäder mit dem Qualitätssiegel „Station voile" ausgezeichnet (z. B. *La Teste-de-Buch, Arcachon* und *Hendaye*). Das Label „France Station Nautique" garantiert ein umfassendes Angebot an Wassersportarten, darunter stets auch Segeln.

SPORT & AKTIVITÄTEN

STRANDSEGELN

Bei Ebbe bilden die weiten Strände der Atlantikküste den perfekten Untergrund fürs Strandsegeln. Eine Hochburg ist *Notre-Dame-de-Monts (Centre de Char à Voile | www.ccv nddm.net)* mit seinen fast 30 km Strand. Die dreirädrigen Wagen mit dem Segel darauf *(chars à voile)* können Sie bei Segelschulen mieten.

SURFEN & WINDSURFEN

Die Atlantikküste gehört zu den Surfhotspots der Welt. Insbesondere Hossegor und Biarritz sind Hochburgen. Eine Liste der Clubs, die dem französischen Surfverband angeschlossen sind, finden Sie unter *www.surfing aquitaine.com.* Allgemeine Auskünfte: *Fédération Française de Surf (Tel. 05 58 43 55 88 | Fax 05 58 43 60 57 | www.surfingfrance.com).* Ideal zum Windsurfen sind die Seen im Hinterland der Côte d'Argent. Brett und Segel können Sie bei den meisten Segelschulen ausleihen.

TAUCHEN

Interessant ist vor allem die Unterwasserlandschaft vor der felsigen Côte Basque. Tauchschulen gibt es aber auch an den nördlicheren Abschnitten der Atlantikküste, etwa in La Baule, Arcachon und Biscarrosse.

WANDERN

Beim Wandern kommen Sie, vor allem in den Naturschutzgebieten der Côte de Lumière, den größten Attraktionen am nächsten: der Küste und den Marschlandschaften – z. B. durchs Marais de l'Eguille oder den Forêt Domanial auf Oléron (ausgeschilderte Routen) oder, gegenüber auf dem Festland, durchs Austernzuchtgebiet von Bourcefranc-le-Chapus.

Insider Tipp

Für die französischen Beach Boys ist der Atlantische Ozean die schönste Kulisse

> EIN SPIELPLATZ, SO LANG WIE DIE KÜSTE

Wasser, Sand, jede Menge Freizeitparks und ein Bummelzug in die Pyrenäen – Kinder fühlen sich hier bestens unterhalten

> Frankreich hält im Alltag wie im Urlaub umfassende Angebote für Kinder (und Eltern) bereit: sowohl in Sachen Betreuung als auch Unterhaltung. Restaurants sind mit Kinderstühlen und preiswerten *menus enfants* auf Familien vorbereitet.

Auf die Frage „Und was machen wir jetzt?" können Eltern an nahezu allen Badeorten antworten: „Mickey Club!" Dahinter verbergen sich Spiel und Sport am Strand unter Aufsicht für Kinder von drei bis 14 Jahren. In gro-

ßen Seebädern wie La Baule hat man die Wahl unter einem Dutzend Kinderclubs.

Ausgezeichnet mit dem Label „Station Kid" sind Orte mit besonders familienfreundlichen Unterkünften (mit Kinderbetten, Hochstühlen und Flaschenwärmern), Einrichtungen und Veranstaltungen. An der Côte d'Amour sind das etwa Pornichet und Piriac-sur-Mer, an der Côte de Lumière gehören Saint-Jean-

> *www.marcopolo.de/frankreichatlantik*

MIT KINDERN REISEN

de-Monts und La Tranche-sur-Mer dazu, an der Côte d'Argent Mimizan. Das Ferienprogramm beinhaltet dort z. B. Surfen, Segeln oder Kanufahren speziell für kleine Gäste. Viele der Orte am Atlantik haben einen See im Hinterland, der sicheres Baden erlaubt.

◼ CÔTE D'AMOUR

PIRIAC AVENTURE IN PIRIAC [118 A2]

Verschiedene Parcours durch die Baumwipfel für Kinder ab vier Jah-

ren – und auch für die Eltern. Ob man an einem Drahtseil schwebt oder über dem Boden durch Röhren und über Stege klettert – sicher vertäut ist man immer. Den Abenteuerpark gibt es auch in Pornic *(www. pornic-aventure.com). Route de Mesquer Juli/Aug tgl. 9–20, April–Juni 10–19, Sept.–Mitte Okt. 13–19 Uhr | 19 Euro, Kinder je nach Alter 13, 15 oder 17 Euro | www.piriac-aventure. com*

PLANÈTE SAUVAGE IN PORT SAINT-PÈRE [118 C3]

Dieser große Freizeitpark wartet mit einer 10 km langen Safariroute auf, auf der man vom Auto aus Tieren aus fünf Erdteilen begegnet. In der Cité Marine führen Seelöwen Kunststücke vor, im Village gibt es eine Flamingoinsel, einen Affenwald und ein Schlangenhaus. *La Chevalerie | März bis Nov. tgl. 10–17 (Juli/Aug. bis 17.30) Uhr | 17 Euro, Kinder (4–14 Jahre) 11 Euro | www.planetesauvage.com*

■ CÔTE DE LUMIÈRE ■

AQUARIUM LA ROCHELLE [120 B2–3]

Das Aquarium ist nicht nur seiner umfangreichen Meeresfauna wegen sehenswert. Auch die Präsentation ist auf kleine Besucher zugeschnitten. Die Fischbecken sind in Augenhöhe von Kindern aufgebaut, und für die richtige Einstimmung sorgt die Fahrt mit dem „Fahrstuhl": Hinter einer Glasscheibe steigt Wasser hoch, als führe man selber gerade hinab auf den Meeresboden. *Bassin des Grands Yachts | Juli/Aug. tgl. 9–23, April bis Juni und Sept. 9–20, Okt.–März 10 bis 20 Uhr | 13 Euro, Kinder (3–17 Jahre) 10 Euro | www.aquarium-larochelle.com*

CENTRE AQUATIQUE IN CHÂTELAILLON-PLAGE [120 B–C3]

Zwischen La Rochelle und Rochefort gelegener Aquapark mit Riesenrutsche, mehreren Becken und 29 Grad warmem Wasser. *RN 137, in Châtelaillon-Plage den Schildern folgen | Juli/Aug. Mo–Fr 10–20, Sa 11.15 bis 20, So 9–20 Uhr, sonst variierende Öffnungszeiten | 4,75 Euro, Kinder (3 bis 16 Jahre) 3,40 Euro | www.centre-aquatique.com*

L'ÎLE AUX PAPILLONS AUF NOIRMOUTIER [118 B4]

Exotische Schmetterlinge aus Guyana, Kenia, Madagaskar und von den Philippinen flattern durch eine exotische Dschungellandschaft. Ein Spaziergang zum Staunen. *5, Rue de la Fassonière | La Guérinière | Juni bis Aug. tgl. 10–19.30, April, Mai, Sept. Mo–Fr 14–19, Sa/So 10.30–19 Uhr | 7,20 Euro, Kinder (3–12 Jahre) 5,10 Euro | www.ile-aux-papillons.com*

JARDIN DU VENT IN NOTRE-DAME-DE-MONTS [118 B4] Insi Tip

Dieses wunderbare Freilichtmuseum macht den in der Vendée allgegenwärtigen Wind anhand von allerlei (Spiel-)Geräten sicht-, hör- und fühlbar. Der Wind erzeugt Musik, bläst Besuchern Seifenblasen entgegen und hüllt sie in Duftwolken. *29, Rue Gilbert Cesbron | Juni–Aug. tgl. 10–19, April, Mai, Sept. Di–So 14–18 Uhr | 4 Euro, Kinder (6–17 Jahre) 2 Euro*

ZOO DE LA PALMYRE [120 B4]

Tiere aus fünf Erdteilen sind in großen und möglichst artgerechten Gehegen untergebracht, darunter Tiger, Leoparden, Giraffen, Kängurus und Eisbären. *La Palmyre | April–Sept. tgl. 9–19, Okt.–März 9–18 Uhr | 14 Euro, Kinder (3–12 Jahre) 10 Euro | www.zoo-palmyre.fr*

■ CÔTE D'ARGENT ■

LA FORÊT DE L'AVENTURE IN MONTALIVET [120 B6]

In Montalivet kann man in diesem Erlebnispark in Baumwipfeln (angeseilt) Tarzan spielen. Es gibt einen Entdeckerparcours (ab 1,10 m Körpergröße) und einen Abenteuerparcours (ab 1,40 m). *Lède de Montalivet | März–Juni und Sept./Okt. Sa 14 bis 18, So 14–17.45, Juli/Aug. tgl. 10 bis 20 Uhr | je nach Parcours 17–19 Euro, Kinder ab 1,40 m 16 Euro, ab 1,10 m bzw. 5 Jahre 13 Euro, bis 5 Jahre 6 Euro | www.laforet-aventure. com*

LA HUME AM BASSIN D'ARCACHON [122 A4]

Hier finden Sie gleich drei Parks auf einem Fleck: *Aqualand*, den Zoo *La Coccinelle* mit mehr als 800 Tieren und einen 6000 m^2 großen *botanischen Garten*. *La Hume | Juni–Sept. tgl. 10–18, botanischer Garten 10 bis 12.30 und 14.30–19 Uhr | pro Park 7 bis 15 Euro*

PORT MINIATURE IN SOUSTONS [124 C3–4]

In elektrischen Miniaturen eines Mississippi-Raddampfers oder des historischen Segelschiffs „Mayflower" selber Kapitän spielen und den See erkunden – das können Kinder ab einem Alter von neun Jahren auf dem Lac de Soustons. In die Boote passen ein bis sechs Leute. *Juli/Aug. tgl. 10–19 Uhr | pro Person und Viertelstunde 4,50 Euro | www. loisirs-soustons.com*

ZOO DU BASSIN D'ARCACHON IN LA TESTE [122 A4]

Einer der größten Zoos Frankreichs breitet sich bei Arcachon auf 10 ha bewaldeter Fläche aus. Die Tiere sind in großen Gehegen untergebracht. Mit Streichelzoo. *Route de Cazaux | La Teste-de-Buch | April–Sept. tgl. 10 bis 19, Okt.–März Mi, Sa, So 14 bis 18.30 Uhr | 12 Euro, Kinder (2–11 Jahre) 8 Euro*

Ein Hydrotechniker bei der Inspektion eines Hydranten

> VON ANREISE BIS ZOLL

Urlaub von Anfang bis Ende: die wichtigsten Adressen und Informationen für Ihre Reise an die Französische Atlantikküste

ANREISE

AUTO

Von Deutschland aus am schnellsten über Paris und dann auf der A 11 Paris–Le Mans–Nantes (384 km) oder auf der A 10 über Tours und Poitiers nach La Rochelle oder Bordeaux (560 km). Wer ganz in den Südwesten will oder aus Süddeutschland, Österreich oder der Schweiz kommt, fährt am besten die Strecke Lyon–Nîmes–Toulouse und von Toulouse auf der A 64.

BAHN

Der Hochgeschwindigkeitszug TGV *(Train à Grande Vitesse)* schafft die Strecke Paris–Nantes in zwei, Paris–Bordeaux in drei Stunden. Die Bahnfahrt Hamburg–Paris dauert acht, die Strecke Frankfurt–Paris sechs Stunden. Für die Côte d'Amour und Côte de Lumière empfiehlt sich die Anreise über Paris, für die Côte d'Argent und Côte Basque nimmt man am besten den TGV bis zur spanischen Grenze. Für den TGV ist eine Reservierung erforderlich.

FLUGZEUG

Air France fliegt Nantes, Bordeaux und Biarritz über Paris oder Lyon an, Preise ab 260 Euro; bisweilen gibt es günstigere Angebote *(www.airfrance.de)*. Die sogenannten Billigflieger bieten derzeit keine Verbindungen

PRAKTISCHE HINWEISE

zwischen Deutschland und West- bzw. Südwestfrankreich an.

AUSKUNFT

MAISON DE LA FRANCE

– *Zeppelinallee 37 | 60325 Frankfurt | Tel. 0900/157 00 25 (0,49 Euro/Min.) | Fax 0900/159 90 61 (0,49 Euro/Min.) | www.franceguide.com/de*
– *Lugeck 1–2 | 1010 Wien | Tel. 0900/25 00 15 (0,68 Euro/Min.) | Fax 01/503 28 72 | http://at.france guide.com*
– *Rennweg 42 | 8021 Zürich | Tel. 044/217 46 00 | Fax 044/217 46 17 | info.ch@franceguide.com*

REGIONALE FREMDENVERKEHRSÄMTER

– *SEM Régionale des Pays de la Loire | 1, Place de la Galarne | 44202 Nantes | Tel. 02 40 48 24 20 | Fax 02 40 89 89 85 | www.enpaysde laloire.com*
– *Vendée (Côte de Lumière): 8, Place Napoléon | 85000 La Roche-sur-Yon | Tel. 02 51 47 88 20 | Fax 02 51 05 37 01 | www.vendee-touris me.com*
– *Charente-Maritime (Côte de Lumière): 85, Boulevard de la République | 17076 La Rochelle | Tel. 05 46 31 71 71 | Fax 05 46 31 71 70 | www.frankreich-atlantikkueste.de*
– *Gironde (Côte d'Argent, Bordelais): 21, Cours de l'Inten-dance | 33000 Bordeaux | Tel. 05 56 52 61 40 | Fax 05 56 81 09 99 | www.tourisme-gironde.fr*

– *Landes (Côte d'Argent): 4, Avenue Aristide Briand | 40012 Mont-de-Marsan | Tel. 05 58 06 89 89 | Fax 05 58 06 90 90 | www.tourismelandes. com*
– *Béarn-Pays Basque (Côte Basque): 4, Al'ées des Platanes | 64100 Bayonne | Tel. 05 59 46 52 52 | Fax 05 59 46 52 46 | www.tourisme64.com*

AUTO

Die französischen Autobahnen sind bis auf wenige Abschnitte mautpflichtig. Bezahlt wird an *péage*-Stationen, bar oder per Kreditkarte. Im Fall einer Panne findet man im Abstand von 2 km Notrufsäulen. Die Nationalstraßen sind meist sehr gut ausgebaut, aber auch entsprechend viel befahren. Höchstgeschwindigkeiten: 130 km/h auf Autobahnen (110 bei Regen), 110 km/h auf Schnellstraßen (100 bei Regen), 90 km/h auf National- und Departementstraßen (N, D; bei Regen 80), 50 km/h innerorts. Motorräder müssen auch tagsüber mit Abblendlicht fahren, bei Regen und Nebel gilt das für alle Fahrzeuge. Verkehrsteilnehmer im Kreisverkehr haben Vorfahrt. Die Promillegrenze liegt bei 0,5. Das Mitführen von Warndreieck und einer reflektierenden Sicherheitsweste ist vorgeschrieben.

CAMPING

An Campingplätzen aller Kategorien herrscht an der Küste kein Mangel.

Vor allem an der Côte d'Argent mit ihren Wäldern und Dünenlandschaften reiht sich einer an den nächsten. Während der Hochsaison muss man reservieren. Eine Übersicht über alle Plätze (mit Links) bietet die Website der Fédération Française de Camping: *www.camping-france.com*

DIPLOMATISCHE VERTRETUNGEN

DEUTSCHES GENERALKONSULAT
377, Boulevard du Président Wilson | Bordeaux-Caudéran | Tel. 05 56 17 12 22 | www.bordeaux.diplo.de

ÖSTERREICHISCHES HONORARKONSULAT
86, Cours Balguerie-Stuttenberg | Bordeaux | Tel. 05 56 00 00 70

SCHWEIZERISCHES GENERALKONSULAT
18, Rue des Renardières | Nantes | Tel. 02 40 95 00 50

EINREISE

Ausweiskontrollen kommen dank dem Schengener Abkommen fast nicht mehr vor. Trotzdem müssen EU-Bürger – außer ggf. Führer- und Fahrzeugschein – auch einen gültigen Ausweis bei sich haben. Das gilt auch für mitreisende Kinder, die nicht im Pass der Eltern eingetragen sind.

FKK

Der *naturisme* ist in Frankreich sehr beliebt. Insbesondere an der Côte d'Argent gibt es viele FKK-Ferienanlagen. Diese *domaines naturistes* bestehen meist aus gut ausgestatteten Campingplätzen, teilweise auch mit Bungalows, zu denen Sport- und Freizeiteinrichtungen gehören. Aber auch anderswo gibt es fast immer Strandabschnitte oder Buchten, an denen das Nacktbaden toleriert wird. Diese sind jedoch nicht immer bewacht. Oben ohne geht an allen Stränden.

GELD & KREDITKARTEN

Geldautomaten finden sich fast an jeder Ecke (für ec- und Kreditkarten), die Bezahlung mit Kreditkarten in Hotels, Restaurants, Geschäften und an Tankstellen ist weit verbreitet (insbesondere Visa und Eurocard).

GESUNDHEIT

Die ärztliche Versorgung ist flächendeckend, Apotheken *(pharmacies)* sind buchstäblich an jeder Ecke zu finden. Als Versicherungsnachweis ist die European Health Insurance Card (EHIC) bzw. Ersatzbescheinigung (beide Dokumente gibt es bei der Krankenkasse) vorzulegen. Bei Arzt oder Zahnarzt muss der Patient das Honorar zunächst stets selbst auslegen. Anschließend wird erstattet: entweder direkt bei der französischen Krankenkasse (Caisse Primaire d'Assurance Maladie bzw. Caisse Générale de Sécurité Sociale) gegen Vorlage des vom Arzt ausgefüllten Vordrucks *(feuille de soins)* oder gegen Vorlage der quittierten und spezifizierten Rechnungen bei der heimatlichen Krankenkasse. Die prüft dann, welcher Betrag erstattet wird. Wer ganz sichergehen will, schließt zusätzlich eine Auslandskrankenversicherung ab, die gegebenenfalls auch für einen Rücktransport aufkommt.

PRAKTISCHE HINWEISE

INTERNET

Die Websites der Fremdenverkehrs-ämter von Städten und Regionen (s. Auskunft) sind fast alle auch deutschsprachig und bieten neben praktischen Tipps sehr umfassende Informationen zu Sehenswürdigkeiten und Unterkünften. Oft sorgen Möwengeschrei und Meeresrauschen für spontane Reiselust. Hier einige Websites mit allgemeinen Informationen für die Frankreichreise oder für ganz spezielle Interessen:

WWW.FRANKREICH-INFO.DE/REISEN

Praktische Tipps zur Reise, das Wetter in Frankreich, viele Hintergrund-informationen und Vermittlung von Unterkünften.

WWW.RATGEBERFRANKREICH.DE

Allgemeine Informationen übers Land und Reisetipps.

WWW.FRANKREICH-SUED.DE

Informationen zu Städten, Regionen, Aktivitäten, Märkten und Festen im Südwesten.

HTTP://FESTIVALS.AQUITAINE.FR

Überblick über kulturelle Veranstaltungen an der Côte d'Argent und Côte Basque. Französischsprachig.

WWW.THALASSOCOTEBASQUE.COM

Informationen und Adressen (auch deutschsprachig) rund um die Meerwassertherapie an der baskischen Küste.

WWW.SURFINGINFRANCE.COM

Website des französischen Surfer-verbands; Adressen von Surfschulen (französischsprachig).

WWW.VINS-BORDEAUX.FR

Alles über die guten Rotweine des Bordelais. Deutschsprachig.

WWW.CHEMINS-COMPOSTELLE.COM

Französischsprachige Informationen rund um den Jakobsweg.

INTERNETCAFÉS

Internetcafés sind in den Badeorten und in den Städten zu finden. Eine Auswahl:
– Nantes: Cyberplanet | 18, Rue de l'Arche Sèche Tel. 02 51 82 47 97

WAS KOSTET WIE VIEL?

KAFFEE	**AB 2,50 EURO**	für einen *café crème*
EIS	**1,50–2 EURO**	für eine Kugel Eis
WEIN	**AB 1,50 EURO**	für ein Glas Wein
SANDWICH	**AB 3,70 EURO**	für ein Baguette mit Schinken und Käse
BENZIN	**UM 1,30 EURO**	für 1 l Super bleifrei
FAHRRAD	**10–12 EURO**	für die Miete pro Tag

– La Rochelle: Cyber Squat HTTP | 63, Rue Saint-Nicolas | Tel. 05 46 34 53 67
– Bordeaux: Cyberstation | 23, Cours Pasteur | Tel. 05 56 01 15 15
– Arcachon: Cybercafé Bistrot | 230, Boulevard de la Plage | Tel. 05 56 83 45 67
– Biarritz: Genius Informatique | 60, Avenue Edouard VII | Tel. 05 59 24 39 07

– *Saint-Jean-de-Luz: Friends in France | 7, Rue Tourasse | Tel. 05 59 26 86 92*

KLIMA & REISEZEIT

Ab Mitte Juli bis Anfang September ist ganz Frankreich unterwegs: Es ist die vollste, heißeste und teuerste Reisezeit, für die Unterkünfte auf jeden Fall vorausgebucht werden müssen. Wer kann, sollte auf die Nebensaison ausweichen. Der Atlantik schafft es zwischen Juni und September über 20 Grad, Abgehärtete baden schon im Mai. Im Spätherbst sind die Preise deutlich gesenkt, es ist eine ideale Zeit für Weinreisen, Thalassokuren und Städtetouren.

KURTAXE

In den Badeorten schlagen die Hotels eine (obligatorische) *taxe de séjour* auf den Übernachtungspreis. Sie liegt pro Tag und Person bei 0,50–1 Euro.

NOTRUF

Europäischer Notruf *Tel. 112*

ÖFFNUNGSZEITEN

Wo nicht anders vermerkt, gelten die in diesem Band angegebenen Öffnungszeiten für die Hochsaison im Sommer. Außerhalb der Saison sind vor allem kleinere Museen nur an bestimmten Tagen oder nach Voranmeldung zu besichtigen.

POST

Briefe bis 20 g und Postkarten in EU-Länder und die Schweiz müssen mit 70 Cent frankiert werden *(prioritaire)*. Postämter haben in größeren Städten meist von 8 bis 18.30 geöffnet, in kleineren Orten ist eine Mittagspause üblich.

PREISE

Die Eintrittspreise für Museen, Gärten, Schlösser und ähnliche Sehens-

WETTER IN BORDEAUX

Jan.	Feb.	März	April	Mai	Juni	Juli	Aug.	Sept.	Okt.	Nov.	Dez.
9	11	15	17	20	24	25	26	23	18	13	9
Tagestemperaturen in °C											
2	2	4	6	9	12	14	14	12	8	5	3
Nachttemperaturen in °C											
3	4	6	7	8	8	8	8	7	5	3	2
Sonnenschein Std./Tag											
16	13	13	13	14	11	11	12	13	14	15	17
Niederschlag Tage/Monat											
10	10	10	11	13	15	17	17	16	15	13	11
Wassertemperaturen in °C											

PRAKTISCHE HINWEISE

würdigkeiten liegen im Schnitt bei 3,50 bis 7 Euro für Erwachsene, Kinder zahlen die Hälfte. Vergnügungsparks sind erheblich teurer. Studenten erhalten in Museen gegen Vorlage eines gültigen internationalen Studentenausweises 50 Prozent Ermäßigung.

SICHERHEIT

Normale Vorsicht, wie sie überall auf der Welt angebracht ist, reicht an der Atlantikküste völlig aus. Lassen Sie insbesondere nichts im geparkten Wagen liegen, was die Aufmerksamkeit von Autoknackern wecken könnte.

TELEFON & HANDY

Auch in Frankreich werden die Telefonzellen weniger. Für die noch vorhandenen benötigt man eine *télécarte,* die es in Tabakläden, bei Postfilialen und Tankstellen gibt. Frankreichs Westen wird von mehreren Mobilfunkanbietern flächendeckend versorgt. Erkundigen Sie sich bei Ihrem Anbieter, welcher französische Netzbetreiber der für Sie günstigste Roamingpartner ist, und stellen diesen manuell ein, wenn automatisch ein anderer, teurerer ausgewählt wird. In Postfilialen und Tabakgeschäften sind außerdem französische Prepaidkarten zu kaufen, was im Einzelfall günstiger sein kann. Prepaidkarten wie die von Globalsim *(www. globalsim.net)* oder Globilo *(www. globilo.de)* sind zwar teurer, ersparen aber ebenfalls alle Roaminggebühren, und Sie bekommen schon zu Hause Ihre neue Nummer. Immer günstig sind SMS. Hohe Kosten verursacht die Mailbox: noch im Heimatland

abschalten! Die internationale Vorwahl ist für Deutschland *0049,* für Österreich *0043,* für die Schweiz *0041,* dann die Ortsvorwahl ohne Null und die Rufnummer des Teilnehmers. Ruft man von Deutschland in Frankreich an, wählt man 0033, dann ohne die Null am Anfang direkt die übrige (neunstellige) Nummer.

TRINKGELD

Im Restaurant und bei Taxifahrten ist Aufrunden bis zu zehn Prozent üblich. Im Hotel bedankt man sich für besonders aufmerksamen Service mit einem Trinkgeld; bleibt man länger, kann man die Dienste des Zimmermädchens mit 10–20 Euro pro Woche honorieren.

UNTERKUNFT

Das Spektrum reicht von der Jugendherberge (Auskunft: *FUIAJ | Tel. 01 44 89 87 27 | Fax 01 44 89 87 49 | www.fuaj.org*) über *chambres d'hôtes,* das französische Pendant zum Bed & Breakfast, bis hin zum Luxushotel. Allerdings muss man im Sommer und insbesondere während der französischen Schulferien vorausbuchen. An der Küste vermieten viele Hotels während der Hochsaison nur wochenweise, Ferienwohnungen und -häuser sind im Juli/August zum Teil erst ab zwei Wochen Mindestmietzeit zu bekommen.

ZOLL

EU-Bürger dürfen Waren für den persönlichen Bedarf frei ein- und ausführen, u. a. 90 l Wein, 10 l Spirituosen, 800 Zigaretten. Schweizer dürfen u. a. 2 l Wein und 1 l Spirituosen zollfrei ein- und ausführen.

> TU PARLES FRANÇAIS?

„Sprichst du Französisch?" Dieser Sprachführer hilft Ihnen,
die wichtigsten Wörter und Sätze auf Französisch zu sagen

Aussprache

Zur Erleichterung der Aussprache sind alle französischen Wörter mit einer einfachen
Aussprache (in eckigen Klammern) versehen.

■ AUF EINEN BLICK ■

Ja./Nein.	Oui. [ui]/Non. [nong]
Vielleicht.	Peut-être [pöhtätr]
Bitte.	S'il vous plaît. [sil wu plä]
Danke.	Merci. [märsi]
Gern geschehen.	De rien. [dö rjäng]
Entschuldigen Sie!	Excusez-moi! [äksküseh mua]
Wie bitte?	Comment? [kommang]
Ich verstehe Sie/dich nicht.	Je ne comprends pas. [schön kongprang pa]
Ich spreche nur wenig Französisch.	Je parle un tout petit peu français. [schpärl äng tu pti pöh frangsä]
Können Sie mir bitte helfen?	Vous pouvez m'aider, s.v.p.? [wu puweh mehdeh sil wu plä]
Sprechen Sie Deutsch/Englisch?	Vous parlez allemand/anglais? [wu parleh almang/anglä]
Ich möchte …	J'aimerais … [schämrä]
Das gefällt mir nicht.	Ça ne me plaît pas. [san mö plä pa]
Haben Sie …?	Vous avez …? [wus_aweh]
Wie viel kostet es?	Combien ça coûte? [kongbjäng sa kut]
Wie viel Uhr ist es?	Quelle heure est-il? [käl_ör ät_il]

■ KENNENLERNEN ■

Guten Morgen/Tag!	Bonjour! [bongschur]
Guten Abend!	Bonsoir! [bongsuar]
Hallo!/Grüß dich!	Salut! [salü]
Wie ist Ihr Name, bitte?	Comment vous appelez-vous? [kommang wus_apleh wu]
Wie heißt du?	Comment tu t'appelles? [kommang tü tapäl]
Wie geht es Ihnen/dir?	Comment allez-vous/vas-tu? [kommangt_aleh wu/wa tü]
Danke. Und Ihnen/dir?	Bien, merci. Et vous-même/toi? [bjäng märsi. eh wu mäm/tua]

> www.marcopolo.de/frankreichatlantik

SPRACHFÜHRER FRANZÖSISCH

Auf Wiedersehen!	Au revoir! [oh röwuar]
Tschüss!	Salut! [salü]
Bis bald!	A bientôt! [a bjingtoh]

■ UNTERWEGS ■

AUSKUNFT

links/rechts	à gauche [a gohsch]/à droite [a druat]
geradeaus	tout droit [tu drua]
nah/weit	près [präh]/loin [luäng]
Bitte, wo ist …?	Pardon, où se trouve …, s.v.p.? [pardong, us truw … sil wu plä]
Wie weit ist das?	C'est à combien de kilomètres d'ici? [sät a kongbjängd kilomätrö disi]

TANKSTELLE

Wo ist bitte die nächste Tankstelle?	Pardon, Mme/Mlle/M., où est la station-service la plus proche, s.v.p.? [pardong madam/madmuasäl/mösjöh u ä la stasjong särws la plü prosch sil wu plä]
Ich möchte … Liter.	… litres, s'il vous plaît. [litrö sil wu plä]
Voll tanken, bitte.	Le plein, s.v.p. [lö pläng sil wu plä]

PANNE/UNFALL

Ich habe eine Panne.	Je suis en panne. [schö süis ang pan]
Würden Sie mir bitte einen Abschleppwagen schicken?	Est-ce que vous pouvez m'envoyer une dépanneuse, s.v.p.? [äs kö wu puweh mangwuajeh ün deh panchs sil wu plä]
Gibt es hier in der Nähe eine Werkstatt?	Est-ce qu'il y a un garage près d'ici? [äs kil ja äng garasch prä disi]
… ist defekt.	… est défectueux. [ä dehfäktüöh]
Hilfe!	Au secours! [oh skur]
Achtung!/Vorsicht!	Attention! [atangsjong]
Rufen Sie bitte schnell …	Appelez vite … [apleh wit]
… einen Krankenwagen.	… une ambulance. [ün angbülangs]
… die Polizei.	… la police. [la polis]

AM MEER

der Leuchtturm	le phare [lö far]
der Hafen	le port [lö por]

der Fischerhafen/Yachthafen	le port de pêche/de plaisance
	[lö por dö päsch/dö pläsangs]
der Strand	la plage [la plahsch]
die Ebbe/die Flut	la marée basse/haute [la mareh
	bass'oht]
Baden (verboten)	baignade (interdite)
	[bän ad ängterdit]
die Strömung	le courant [lö kurang]

Wo gibt es hier …	Vous pourriez m'indiquer…
	[wu purjeh mängdikeh]
… ein gutes Restaurant?	… un bon restaurant?
	[äng bong rästorang]
… ein nicht zu teures Restaurant?	… un restaurant pas trop cher?
	[äng rästorang pa troh schär]
Reservieren Sie uns bitte für heute Abend einen Tisch für vier Personen.	Je voudrais réserver une table pour ce soir, pour quatre personnes.
	[schwudrä räsehrweh ün tablö pur sö suar pur kat pärsonn]
Wo sind bitte die Toiletten?	Où sont les W.-C., s.v.p.?
	[u song leh wehseh sil wu plä]
Auf Ihr Wohl!	A votre santé!/A la vôtre!
	[a wottr sangteh/a la wohtr]
Bezahlen, bitte.	L'addition, s.v.p. [ladisjong sil wu plä]
Hat es geschmeckt?	C'était bon? [sehtä bong]
Das Essen war ausgezeichnet.	Le repas était excellent.
	[lö röpa ehtät_äksälang]

Können Sie mir bitte ein gutes Hotel empfehlen?	Pardon, Mme/Mlle/M., vous pourriez recommander un bon hôtel?
	[pardong madam/madmuasäl/mösjöh wu purjeh rökommangdehäng bonn_ohtäl]
Haben Sie noch …	Est-ce que vous avez encore …
	[äs_kö wus_aweh angkorr]
… ein Einzelzimmer?	… une chambre pour une personne?
	[ün schangbr pur ün pärsonn]
… ein Zweibettzimmer?	… une chambre pour deux personnes?
	[ün schangbr pur döh pärsonn]
… mit Bad?	… avec salle de bains?
	[awäk sal dö bäng]

SPRACHFÜHRER

… für eine Nacht?
… für eine Woche?

Was kostet das Zimmer
mit Frühstück?

… pour une nuit? [pur ün nüi]
… pour une semaine?
[pur ün sömän]

Quel est le prix de la chambre, petit
déjeuner compris? [käl_ä lö prid
la schangbr pti dehschöneh kongpri]

PRAKTISCHE INFORMATIONEN

ARZT

Können Sie mir einen
guten Arzt empfehlen?

Ich habe Fieber.
Ich habe hier Schmerzen.

Vous pourriez recommander un
bon médecin, s.v.p.? [wu purjeh
rökommangdeh äng bong mehdsäng
sil wu plä]

J'ai de la fièvre. [schä dla fjäwr]
J'ai mal ici. [scheh mal isi]

POST

Was kostet …

… eine Postkarte …

… nach Deutschland?

Quel est le tarif pour affranchir …
[käl_ä lö tarif pur afrangschir]

… des cartes postales …
[deh kart postal]

… pour l'Allemagne? [pur lalmanj]

ZAHLEN

0	zéro [sehroh]	20	vingt [wäng]
1	un, une [äng, ühn]	21	vingt et un, une
2	deux [döh]		[wängt_eh ärg, ühn]
3	trois [trua]	22	vingt-deux [wängt döh]
4	quatre [katr]	30	trente [trang]
5	cinq [sängk]	40	quarante [karangt]
6	six [sis]	50	cinquante [sängkangt]
7	sept [sät]	60	soixante [suasangt]
8	huit [üit]	70	soixante-dix [suasangt dis]
9	neuf [nöf]	80	quatre-vingt [katrö wäng]
10	dix [dis]	90	quatre-vingt-dix
11	onze [ongs]		[katrö wäng dis]
12	douze [dus]	100	cent [sang]
13	treize [träs]	200	deux cents [döh sang]
14	quatorze [kators]	1000	mille [mil]
15	quinze [kängs]	2000	deux mille [döh mil]
16	seize [säs]	10000	dix mille [di mil]
17	dix-sept [disät]		
18	dix-huit [disüit]	1/2	un demi [äng dmi]
19	dix-neuf [disnöf]	1/4	un quart [äng kar]

Saint-Jean-Pied-de-Port

> UNTERWEGS AN DER
FRANZÖSISCHEN ATLANTIKKÜSTE

Die Seiteneinteilung für den Reiseatlas finden Sie auf
dem hinteren Umschlag dieses Reiseführers

REISE ATLAS

118

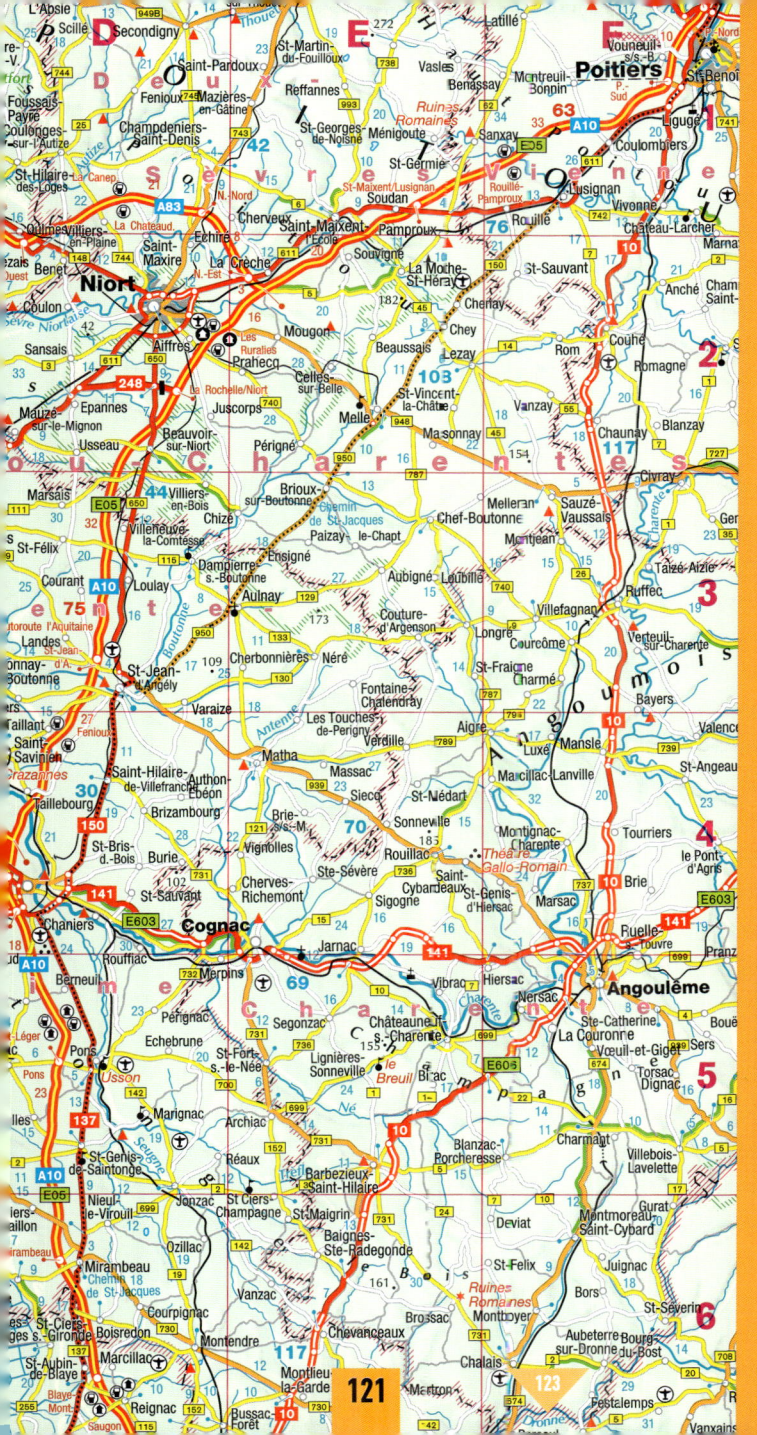

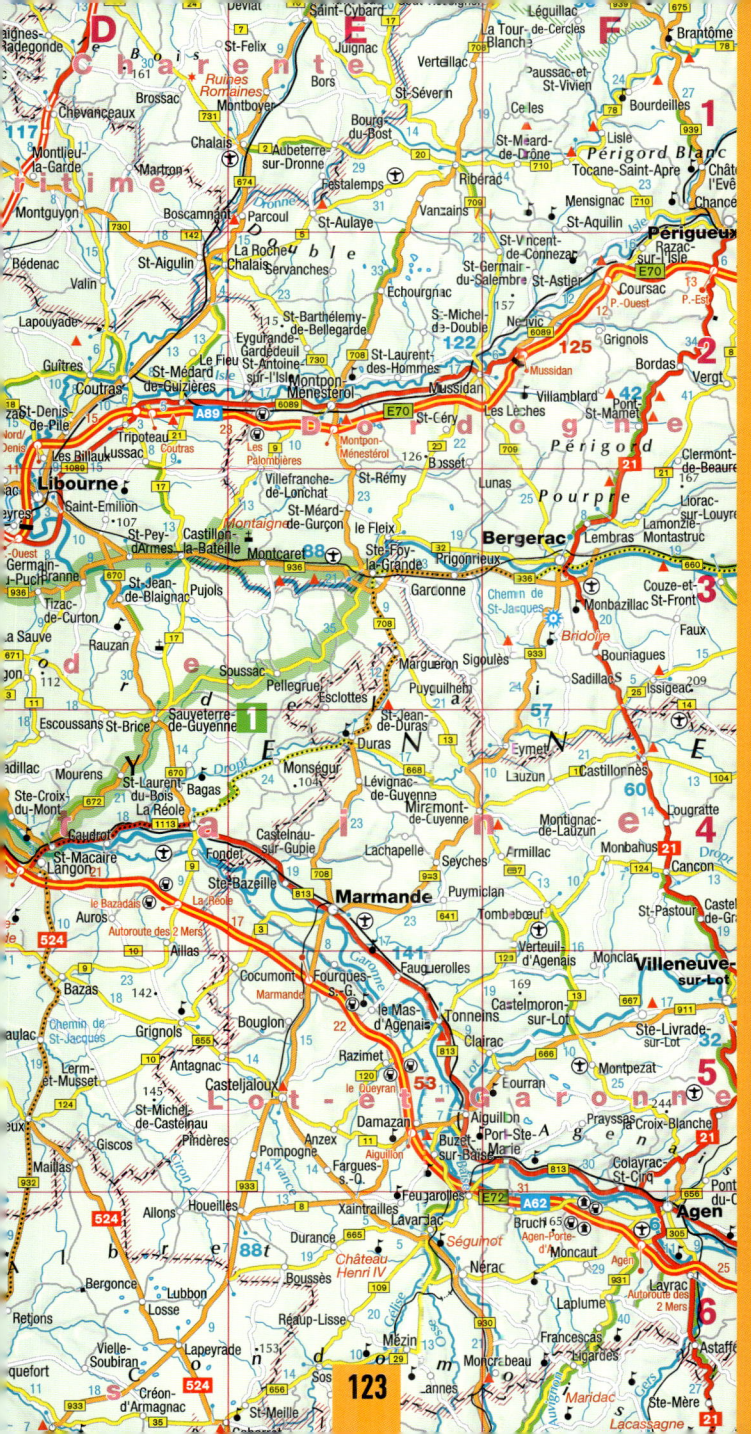

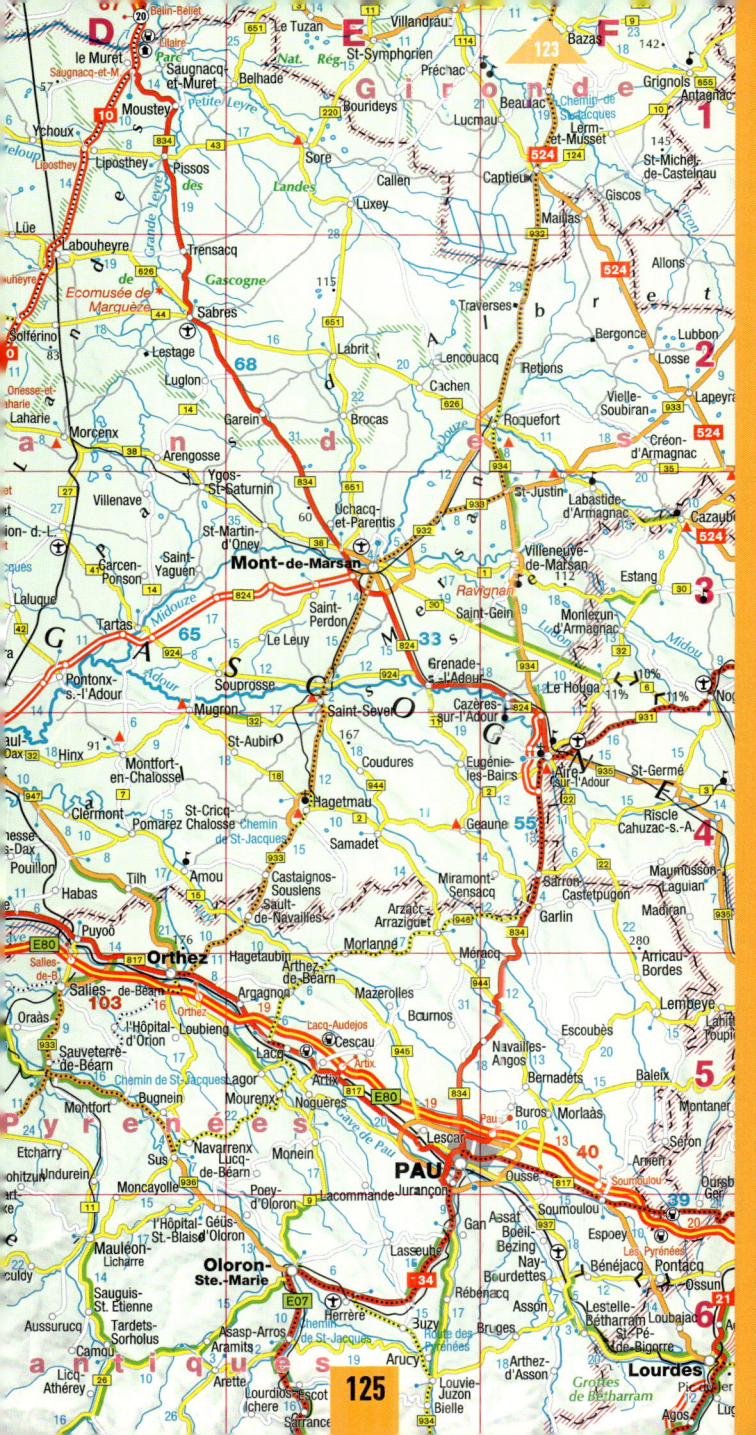

125

18 26	Autobahn mit Anschlussstellen Motorway with junctions
= = = = =	Autobahn in Bau Motorway under construction
▌	Mautstelle Toll station
🅞	Raststätte mit Übernachtung Roadside restaurant and hotel
ⓘ	Raststätte Roadside restaurant
ⓟ	Tankstelle Filling-station
●━━━━●	Autobahnähnliche Schnell- straße mit Anschlussstelle Dual carriage-way with motorway characteristics with junction
━━━━━	Fernverkehrsstraße Trunk road
━━━━━	Durchgangsstraße Thoroughfare
━━━━━	Wichtige Hauptstraße Important main road
━━━━━	Hauptstraße Main road
━━━━━	Nebenstraße Secondary road
━━━━━	Fernverkehrsbahn Main line railway
🚗	Autozug-Terminal Car-loading terminal
━━━━━	Bergbahn Mountain railway
┝━o━o━o━┥	Kabinenschwebebahn Aerial cableway
←←←←←←←	Sessellift Chair-lift
....	Eisenbahnfähre Railway ferry
🚢	Autofähre Car ferry
━ ━ ━ ━	Schifffahrtslinie Shipping route
━━━━━	Landschaftlich besonders schöne Strecke Route with beautiful scenery
Alleenstr. ••••••••	Touristenstraße Tourist route
XI–V ••••••••	Wintersperre Closure in winter
×–×–×–×	Straße für Kfz gesperrt Road closed to motor traffic
8%	Bedeutende Steigungen Important gradients
🚐	Für Wohnwagen nicht empfehlenswert Not recommended for caravans
🚐	Für Wohnwagen gesperrt Closed for caravans

Schloss	Sehenswürdigkeit Object of interest
～～～	Badestrand Bathing beach
☀	Besonders schöner Ausblick Important panoramic view
▨	Ausflüge & Touren Excursions & tours
▨	Nationalpark, Naturpark National park, nature park
▨	Sperrgebiet Prohibited area
⚲	Kirche Church
☪	Moschee Mosque
⚱	Kloster Monastery
⚑	Schloss, Burg Palace, castle
♪ ⚱ ⚑	Ruinen Ruins
⚓	Leuchtturm Lighthouse
↓	Turm Tower
∩	Höhle Cave
∴	Ausgrabungsstätte Archaeological excavation
🏛	Feriendorf Tourist colony
🏨	Motel Motel
▲	Jugendherberge Youth hostel
🏠	Allein stehendes Hotel Isolated hotel
🏠	Berghütte Refuge
▲	Campingplatz Camping site
✈	Flughafen Airport
✈	Flugplatz Airfield
×–·–×–·	Staatsgrenze National boundary
━ ━ ━	Verwaltungsgrenze Administrative boundary
⊖	Grenzkontrollstelle Check-point
⊖	Grenzkontrollstelle mit Beschränkung Check-point with restrictions
PARIS	Hauptstadt Capital
<u>NANTES</u>	Verwaltungssitz Seat of the administration

10 € GUTSCHEIN
für Ihr persönliches Fotobuch*!

Gilt aus rechtlichen Gründen nur bei Kauf des Reiseführers in Deutschland und der Schweiz

SO GEHT'S: Einfach auf www.marcopolo.de/fotoservice/gutschein gehen, Wunsch-Fotobuch mit den eigenen Bildern gestalten, Bestellung abschicken und dabei Ihren Gutschein mit persönlichem Code einlösen.

Ihr persönlicher Gutschein-Code: mp5ws944sw

MARCO POLO

MEINE REISE
Die schönsten Erinnerungen

Erlebe Deine Bilder!

Zum Beispiel das MARCO POLO FUN A5 Fotobuch für 7,49 €.

www.marcopolo.de/fotoservice/gutschein

REGISTER

Im Register sind alle in diesem Reiseführer erwähnten Orte und Ausflugsziele verzeichnet. Halbfette Seitenzahlen verweisen auf den Haupteintrag, kursive auf ein Foto.

> **www.marcopolo.de/frankreichatlantik**

> SCHREIBEN SIE UNS!

Liebe Leserin, lieber Leser,

wir setzen alles daran, Ihnen möglichst aktuelle Informationen mit auf die Reise zu geben. Dennoch schleichen sich manchmal Fehler ein – trotz gründlicher Recherche unserer Autoren/innen. Sie haben sicherlich Verständnis, dass der Verlag dafür keine Haftung übernehmen kann.

Wir freuen uns aber, wenn Sie uns schreiben.

Senden Sie Ihre Post an die MARCO POLO Redaktion, MAIRDUMONT, Postfach 31 51, 73751 Ostfildern, info@marcopolo.de

IMPRESSUM

Titelbild: Rocher de la Vierge in Biarritz (Look: Wohner)

Fotos: S. Bisping (131); Laure Delhaye (15 u.); Diego Plage (96 M. l.); W. Dieterich (U. r., 3 r., 67, 68, 72, 76); ©fotolia.com: Clarence Alford (96 u. r.), Mele Avery (14 o.), Dev (96 o. l.), Diorgi (14 u.), kentoh (14 M.), TEA (97 u. r.); Laurence Gueritey (12 o.); FB Verlag: Huber (U. M., 22, 101); Huber: Damm (6/7, 95), Huber (16/17, 30/31, 60/61), Radelt (11), Giovanni Simeone (8/9), Stadler (39, 40); © iStockphoto.com: Kelly Cline (97 M. l.), Adam Dodd (12 u.), ludovic rhodes (15 o.), Artmann Witte (96 M. r.); G. Jung (98/99, 116/117); Laif: Amme (5, 65, 105), Hartz (48/49), Heuer (21, 28); Laif/Hemis: Cintract (4 r., 53), Giraudou (44), Renault (50), Suetone (47), Wysocki (57); Le Bar à Vin: Philippe Roy (97 o. l.); Le Saint Sabastien: Richard Duart (13 u.); Les Roulottes d Andredard: Patricia & Ludovic Fossez (13 o.); Look: Wohner (1); Mauritius: Alamy (54 ; Office de Tourisme de Bordeaux: T. SANSON (97 M. r.); O. Stadler (U. l., 2 r., 32, 35); T. Stankiewicz (3 l., 19, 24.25, 26, 27, 59, 82, 84/85, 89, 91, 92/93); M. Thomas (4 l., 29, 42/43, 71); Vintage: Jüttner (87); Visum: pixsil.com (102/103); Weinfest Bordeaux: Gilles Arroyo (22/23), Laurent Wangermez (28/29); E. Wrba (2 l., 3 M., 36, 62, 75, 79, 80/81)

2. (9.), aktualisierte Auflage 2009
© MAIRDUMONT GmbH & Co. KG, Ostfildern
Chefredaktion: Michaela Lienemann, Marion Zorn
Autorin: Stefanie Bisping; Redaktion: Nikolai Michaels
Programmbetreuung: Jens Bey, Silwen Randebrock; Bildredaktion: Ruth Rehbock, Gabriele Forst
Szene/24h: wunder media, München
Kartografie Reiseatlas: © MAIRDUMONT, Ostfildern
Innengestaltung: Zum goldenen Hirschen, Hamburg; Titel/S. 1–3: Factor Product, München
Sprachführer: in Zusammenarbeit mit Ernst Klett Sprachen GmbH, Stuttgart, Redaktion PONS Wörterbücher

FÜR IHRE NÄCHSTE REISE

Ihre Reisecheckliste

Haben Sie alles im Gepäck?

- ○ Reiseunterlagen (Tickets, Buchungsbelege, Bestätigungen)
- ○ ELVIA Reiseschutz
- ○ Impfausweis
- ○ Krankenkassenkarte
- ○ Reisepass
- ○ Führerschein
- ○ Kopien aller Papiere (zur Sicherheit)
- ○ Einreise-Visum (falls erforderlich)
- ○ Wichtige Telefonnummern
- ○ Bank-, Kreditkartensperrnummern
- ○ Kredit- bzw. ec-Karten
- ○ Medikamente / Reiseapotheke
- ○ Kulturbeutel (evtl. Kontaktlinsenmittel, Gehörschutz, Kondome)

- ○ Sonnenbrille, Ersatzbrille
- ○ Fotoapparat, Videokamera
- ○ Adapter für Fön, Rasierer
- ○ Sonnencreme
- ○ Reisewaschmittel
- ○ Nähzeug
- ○ Wörterbuch
- ○ Lieblingslektüre
- ○ MP3- und / oder CD-Player
- ○ Straßenkarte

Die Journalistin Stefanie Bisping wurde in Münster geboren, lebt am Niederrhein und liebt das Reisen – besonders in Frankreich.

Wie haben Sie den Atlantik entdeckt?

Schuld daran sind meine Eltern. Sie nahmen mich seit meiner frühesten Kindheit mit nach Frankreich. Für mich ist die Französische Atlantikküste der Schauplatz meiner ersten und schönsten Reisen – und bis heute ein Lieblingsziel geblieben.

Was reizt Sie dort?

Die unvergleichliche Kombination aus perfekten Stränden und französischem Savoir-vivre. Dass alles ein bisschen größer, weiter, aber auch bodenständiger ausfällt als an der Côte d'Azur, gefällt mir außerdem. Hier ist es selbst in der Hochsaison nie wirklich überlaufen.

Und was gefällt Ihnen nicht so?

Es gibt dort keine Gegend, die mir nicht gefällt. Ich kann aber sagen, dass ich die kleinen Dörfer mehr liebe als die manchmal etwas rummeligen Seebäder.

Wie haben Sie Französisch gelernt?

Ganz klassisch in der Schule, sieben Jahre lang und mit den typischen Praxisübungen des Schüleraustauschs.

Was genau machen Sie beruflich?

Ich arbeite als freie Reisejournalistin für Tageszeitungen, Magazine und Buchverlage. Das bedeutet, dass ich häufig unterwegs bin, aber noch mehr zu Hause am Computer sitze.

Kommen Sie viel an der Französischen Atlantikküste herum?

Ich bin mehrmals im Jahr dort, mal beruflich, mal privat. Besonders gerne bin ich im geschichtsträchtigen Nantes, im etwas sperrigen Saint-Nazaire, das als Industriestandort trotzdem nicht ohne Reiz ist, und in der wunderschönen Hafenstadt La Rochelle. In letzter Zeit begeistere ich mich aber auch fürs Hinterland bis ins Périgord – eine wunderschöne, wilde Landschaft mit alten Städtchen und großartiger Esskultur.

Was machen Sie in Ihrer Freizeit?

Meine Hobbys sind Lesen, Schreiben und Kochen, wobei zu Letzterem natürlich auch das Essen gehört. Deshalb gehe ich auch gerne in Restaurants, was in Frankreich besonders freudvoll ist.

Mögen Sie die Küche der Atlantikküste?

Ich kann mir gar nicht vorstellen, wie man diese Küche nicht mögen könnte. Ich liebe frische Austern, die man hier an jeder Ecke bekommt und die überhaupt nicht teuer sind. Wenn man die probiert hat, wird man nie wieder eine überbackene essen wollen.

> BLOSS NICHT!

Auch an der Atlantikküste gibt es ein paar Dinge, die Sie vermeiden sollten

Zigarettenkippen wegschnipsen

Die Waldbrandgefahr ist im Südwesten Frankreichs mit seinen riesigen Kiefern- und Pinienwäldern eine sehr reale Bedrohung. Entsprechend vorsichtig sollten Sie mit Feuer und Glut umgehen.

Im Restaurant getrennt bezahlen

Das ist in Frankreich nicht üblich und macht dem Kellner jede Menge Kopfzerbrechen. Besser: Einer zahlt für alle, und abgerechnet wird danach.

„Monsieur" und „Madame" vergessen

Es klingt ja auch viel netter: *Bonjour, Madame!, Merci, Monsieur!* Und in Frankreich gehört diese freundliche Anrede einfach zum guten Ton.

Die Kraft des Atlantiks unterschätzen

Auch bei schönem Wetter und ruhiger See gibt es viele Stellen an der Atlantikküste, wo gefährliche Strömungen selbst trainierte Schwimmer in Schwierigkeiten bringen können. Baden Sie daher nur an bewachten Stränden *(plages surveillées),* und achten Sie auf die Beflaggung: Bei grüner Fahne besteht keine Gefahr. Gelborange bedeutet, dass das Baden gefährlich ist, aber ein Rettungsschwimmer *(poste de surveillance)* Dienst tut. Eine rote Fahne bedeutet, dass das Baden verboten ist. Blaue Fahnen markieren die bewachten Abschnitte. Tückisch können die starken Gezeitenunterschiede an der gesamten

Küste sein. Bei Ebbe zieht sich das Wasser bisweilen sehr schnell und mit regelrechter Sogwirkung zurück. Und auch die Flut legt ein beachtliches Tempo vor: etwa das eines Fußgängers. Halten Sie sich zu diesem Zeitpunkt auf einer Sandbank auf, können Sie sehr schnell abgeschnitten werden, wenn das Wasser in tiefe Priele *(baines)* läuft. Achten Sie unbedingt auf Warnhinweise!

Hunde am Strand laufen lassen

Hunde werden während der Saison an vielen bewachten Stränden nur früh am Morgen oder am Abend geduldet. Achten Sie auf entsprechende Aushänge! An freien Küstenabschnitten dürfen Sie Ihren Hund laufen lassen.

Käse zerfleddern

Wenn Sie im Restaurant oder privat an die Käseplatte gebeten werden, säbeln Sie keine Scheiben, sondern schneiden Sie Tortenstücke heraus!

Zur Lesezeit beim Winzer hereinschneien

So freudig sie zu jeder anderen Zeit die Türen ihrer Keller öffnen, so ungelegen kommt der Besuch von Weinfreunden den Winzern während der Weinlese.

Im Lokal die Gauloise anzünden

In Frankreich gilt Rauchverbot in allen öffentlichen Räumen – auch in der Gastronomie. Also: vor der Tür rauchen oder, so vorhanden, im Raucherséparée.